言語ゲームの練習問題

橋爪大三郎

講談社現代新書
2689

Lessons on Language Game
by
Daisaburo Hashizume
Kodansha Ltd., Tokyo Japan 2022:12

はじめに

かくれんぼで隠れて、ふと、このまま自分が消えてしまったら……背筋が凍った。寝床で夜、自分が死んだらどうなるのか考えて、怖くて震えた。

――誰だって、覚えがあるはずだ。世界がぐるぐる渦巻いて、自分の足元の奈落に吸い込まれていくような、圧倒的な感覚。あんまり圧倒的で、その先を考えられない。

なぜ、考えられなかったのか。

考えるとは、言葉にすることである。

言葉は、意味がある。相手に通じる。言葉があれば、独りじゃない。言葉は光のようである。言葉の照らす明るい世界は、しっかりとできている気がする。

でも、光があれば、闇がある。自分が生きているのは、出来事だ。その出来事を、そっくり言葉に写し取るのは無理である。生まれる前や、死んだあとはどうなる？　世界はなぜ存在する？　自分が生きる目的は？　言葉にできない闇が、自分を包んでいる。

そう、光と闇は折り合いが悪い。言葉と出来事は折り合いが悪い。言葉は出来事と、いつも格闘している。それが考えること、そして生きることだ。

言葉は、自分がここに生きているという証《あかし》である。

言葉は、自分のことを語り、自分と共に生きる人びとのことを語る。これが、哲学なのだ。哲学は、言葉と共に生きること。言葉は、自分が生きる意味と価値をみがくこと。誰かの言葉を借りるのではない。自分が責任を取れる言葉で語ることだ。

哲学はだから、誰でもできる。誰でもやっている。誰でもやればいい。

言葉をちゃんと使えば、それが哲学だから。

まともに人間として生きることだから。

哲学からもっとも遠いこと。それは哲学の本を、そのまま受け売りすることだ。

デカルトはこう言いました。カントはこう書いてます。ハイデガーはこうのべてます。

そうですか。でもそれはただの知識。哲学とはカンケーない。

これがよくわかっていたのが、ヴィトゲンシュタインだ。彼の本には引用がない。よくある哲学の本とまるで似てない。自分の頭で考えたことだけ、ああでもない、こうでもないと書いてある。自分のために考えた。それをみんなと共有した。
彼の本には、結論がない。問題が並んでいる。そこから先に進んでいく。
ヴィトゲンシュタインを、偉大な真理を知ったひと、とあがめるのはちょっと違うと思う。何行目の文章は何を言いたいのか、と考え込むのもどうかと思う。彼の書くものは、一回限りのサッカーの試合のようなもの。それをなぞるのは、無駄な努力だ。みんな自分のサッカーをやればいいのだ。

言語ゲーム。——言葉を使って生きている人間のありのままを、彼はこう呼んだ。言語ゲームには終わりがない。人生にも、そして哲学にも、終わりがない。でもそれは、もう始まっている。

そこでこの本は、サッカーの練習試合の、やり方の本である。ヴィトゲンシュタインのことを、むやみにありがたがらない。自分の言葉で、めいめいが自分の人生を語る練習をする。練習してコツがわかれば、あとは自分でできるはず。そしたらこの本は、卒業だ。おめでとう。そのうち、一緒にサッカーでもやりましょう。

目　次

1 隕石衝突問題

Q1 巨大な隕石がまもなく、地球に衝突します。人類は滅亡します！ その前に、宇宙のかなたの知的存在に、人類がいたことを連絡したい。どうすればいいですか？

人類が全滅することになった。残念だ。

「この地球に、人類がいましたよ」滅びる前に、人類が文明を営んでいたことを、せめて誰かに伝えたい。時間は切迫している。どうしたらいいだろう。

――この「隕石衝突問題」を、本書の入り口にしよう。明日起こるかもしれない。

なくなるものリスト

人類が全滅する。何もかもなくなる。

何がなくなるか。

誰もいなくなる。家族がなくなる。社会が、文化が、歴史がなくなる。図書館がなくなる。都市がなくなる。国がなくなる。科学がなくなる。ニュートンも、アインシュタインも。宗教がなくなる。キリスト教も、イスラム教も、仏教も。数学がなくなる。ユークリッドも、ガウスも、カントールも。文学がなくなる。シェイクスピアも、ドストエフスキーも、カフカも。人類のなしとげたすべてがなくなる。人類がいた証拠がなくなる。

＊

人類が全滅するのは、まあ仕方がない。

でもせめて、自分たち人類がいたというメッセージを届けられないか。宇宙の遠いかなたにいるかもしれない、宇宙人に。

メッセージを届けるなら

隕石が衝突する前に、急いで宇宙船を打ちあげよう。やるべきなのは、まずこれだ。

宇宙船は、燃料が切れても宇宙を漂い続ける。そのうち運よく、宇宙人に見つけてもらえるかもしれない。

宇宙船は、人工物にみえるだろう。誰かが組み立てたのはわかる。「宇宙人」がいた証拠に、彼らの博物館に展示されるだろう。

でも、人類の文明のなかみを、もっと深く知ってもらいたい。

じゃあ宇宙船に、何を載せればよいだろうか。

＊

人間を描いた絵を乗せたらどうか。

人間のかたちはわかってもらえる。でも、頭のなかみは伝わらない。

ピタゴラスの定理の証明を、金属板に刻んで載せようか？

宇宙人にも数学があるだろう。ピタゴラスの定理も知っているだろう。「なんだ、おんなじだ」と思うかもしれない。

モーツァルトのオルゴールを載せたらどうか？　でも、宇宙人には、耳がないかもしれない。

聖書を一冊、載せたらどうか。

これは文字だ、とわかるかもしれない。宇宙人もたぶん、文字を使っているはずだ。でも、どう読めばいいのか、わからないだろう。意味が伝わらない。

聖書といっしょに、辞書を載せるのはどうか。聖書の読み方の、解説書も載せたら？

でも、辞書も解説書も、宇宙人には読めないのではないか。

人間がなにを考えているか、頭のなかみを伝える方法はないものか。

＊

宇宙人は言語を使うか

そもそも宇宙人は、言語を使っているのか。

宇宙人は、言語を使っている可能性が高い。いや、きっと言語を使っている。

宇宙人は、生き物だ。たぶん何人もいて、生まれたり死んだりしている。集団で暮らしている。意思疎通するのに、言葉を使っているのに違いない。

＊

宇宙人が、人類の言語を理解するとは、どういうことか。人類の言語を、宇宙人の言語に「翻訳」することだ。「翻訳」できたら、宇宙人は「わかった」と思うはずだ。

さて、宇宙人がどんな言語を使っているのか、人類には見当もつかない。なにか翻訳のヒントになることができないか。

辞書は役に立つか

本を宇宙船に載せておくのは、悪くない。

ただし、読んでもらえる保証がない。

辞書もいっしょに載せておくのはどうか。つぎの定理が成り立つと思うので、無駄かもしれない。

定理1・1　ある言語を理解するのに、その言語の辞書は役に立たない。

たとえば、日本語を知らない誰かに、日本語の辞書を渡して、わからなければこれで調べてね、とは言えない。

日本語の辞書は、日本語を日本語で説明する。説明が、ぐるぐる回りになっている。ちょっとでも日本語がわかっていないと、役に立たない。

ある言語をゼロから学ぶのに、辞書は頼れない。言語が理解できるようになるのは、辞書や文法書のおかげではないのだ。

翻訳とは

でも、英語を習うのに、ずいぶん辞書のお世話になったではないか。外国語を、日本語に置き換えて理解する。それなら、辞書（英和辞書みたいな）が役に立つ。外国語を「翻訳」して、理解するからだ。

英和辞書は、ぐるぐる回りにならない。説明される言葉（英語）と説明する言葉（日本語）が、別々だから。

外国語を翻訳して理解できるのは、自国語の意味がもうわかっているから。自国語の意味は、翻訳してわかるのではない。翻訳は、言語が理解できるモデルにはならない。

＊

翻訳ができるためには、誰かがまず、両方の言語を理解していなければならない。

宇宙人は、人類の言語がどんなものか知らない。だから、翻訳の最初の一歩が踏み出せない。よって、つぎの定理が成り立つ。

定理１・２　ある言語を理解するのは、翻訳とは違った手続きである。

翻訳でないのなら、未知の言語を理解するのは、どういう手続きなのか。

それは、「解読」である。

古代文字の解読

解読が必要になるのは、つぎのような場合だ。

Q2　古代文明の遺跡を発掘したら、文字（のようなもの）が見つかった。これが言語だと、どのように論証できるか？

ある文明が滅んだ。人びとが残らず死んでしまったから、言語も失われる。

その文明が、文字をもっている場合。文字の記録が残っているから、失われた言語を復元できるかもしれない。「解読」だ。

宇宙船から、聖書や辞書が出てきた。宇宙人にしてみれば、失われた文明の文字の「解読」である。

＊

文字のような記号が並んでいる。これが文字なら、言語を表している。何か意味があるだろう。

意味は、文字そのものではない。文字が表す、目にみえない何かである。それは、とりあえず、自分の使っている言葉であらわすしかない。

*

古代文字の、解読の進め方。言語系統がわかれば、それを手がかりにする。文字列に繰り返しがあれば、地名や人名かもしれない。ロゼッタ・ストーンみたいに、既知の言語と未知の言語が並べて書いてあれば、とても助かる。たいてい、そうはうまく行かない。未解読のままの古代文字が多い。

*

宇宙船から聖書を見つけた宇宙人は、系統不明の言語の文字だ、と思うだろう。そして解読に苦労するだろう。

解読できたのか

古代文字が解読できたと、証明できるか。
古代人に聞いてみることができれば、いちばん確実だ。これで合ってますか。でも、それはできない相談だ。

*

ではどうする。
解読に成功したと、専門家が言っている。専門家チームのめいめいに、古代文字の新しい断片を読んでもらう。ほんとに解読できていれば、答えは一致するはずだ（でも、一致したからと言って、解読が正しいとは言えない）。
専門家チームを二つに分け、片方には英語の文章を古代文字に、もう片方にはその古代文字を英語に、直してもらう。解読ができていれば、元の英語に戻るはずだ（でも、元に戻ったからと言って、解読が正しいとは言えない）。

＊

こんな具合で、つぎの定理が成り立ちそうだ。

定理１・３　失われた文明の文字を解読しても、正しいと証明できない。

宇宙船から見つけた聖書を解読する宇宙人も同じだ。がんばって解読するだろうが、ほんとうに解読できたと確信できないだろう。だから人類も、解読してもらえると期待しないほうがいい。

暗号解読と同じなのか

失われた古代文字の解読は、ほぼ不可能。人類の言語も、宇宙人に解読してもらえない可能性が高い。

すると、こう思うひとがいるかもしれない。高性能なコンピュータとAIで、意味不明な記号列など、すぐ読み破れるのではないか？

たしかに最近、たいていの暗号は、読み破れるようになっている。でも、この問題をまず考えてみるべきだろう。

Q3 失われた文明の文字の解読は、暗号の解読と同じか？

失われた文明の文字も、暗号も、意味不明の文字列であるところは似ている。でも、意味不明である理由が違っている。

＊

まず、暗号とは、どういうものなのか。

暗号は、ある言語（たとえば、英語）の文字列を、ある規則で、別の文字列に置き換えたもの。この置き換えの規則（コード）が秘密なので、意味不明にみえる。それを受信したら、置き換え規則を用いて、元の文字列に戻す。

元の文字列 ⬇ 暗号化された文字列 ⬇ 元の文字列
エンコード　デコード

暗号の解読とは、暗号化された文字列から、置き換えの規則（コード）をつきとめること。そうすれば、暗号が読めるようになる。

＊

ここで大事なポイントは、こうだ。

暗号は、ある言語の文字列を、いじくっているだけ。そこに言語は、ひとつしかない。その言語の意味や文法にはまったく手を触れない。

暗号の解読は、言語に関する操作ではない。

いっぽう翻訳は、これと違って、言語Aの文字列を、もうひとつの言語Bの文字列に置き換える。だから、意味や文法にも影響がある。翻訳は、ふたつの言語にまたがる操作なのである。

失われた文明の文字の解読も、二つの言語（失われた文明の言語といまの言語）のあいだを

またがる。暗号の解読とは似ていない。よって、

定理1・4　失われた文明の文字の解読は、暗号解読と似ていない。

コンピュータで、暗号を解けるとしても、失われた文明の文字を解読できることにはならない。原理がまったく異なるからだ。

宇宙からの電波

宇宙から届く電波を分析し、宇宙人からの通信をみつけるプロジェクトがある。

Q4　宇宙からの電波を分析していたら、言語らしいものが見つかった。これが言語だと証明できるか？

電波は、自然界の雑音にまぎれている。もしも、言語を伝えている電波があったなら、言語に特有な規則をそなえているだろう。雑音のなかから、言語に特有な規則をどうやって取り出せばいいか。

言語に特有の規則。それは結局、人類の言語と「対応がつく」ということだ。

人類が言語だと知っているのは、自分たちが使っている、人類の言語だけである。そして「対応がつく」とは、その意味が解読できる、ということである。

宇宙人が、人類の言語と対応がつかない（したがって、翻訳もできない）言語を使っているという可能性もある。その場合、人類は、それがどんな言語なのか、そもそも言語なのか、まったく理解できないだろう。

いまのところ、宇宙から届く電波から、何も見つかっていない。人類は宇宙のただなかで、ぽつんと孤立して存在しているのかもしれない。

何が失われるのか

話を元に戻そう。

巨大な隕石が衝突して、まもなく、人類が全滅してしまう。このことのいったい、何が問題なのだろう。

もしもそれが、すぐにも起こるのなら、言いようのない、痛々しい気持がする。自分や身近な人びとや、みなが慣れ親しんでいるすべてが、なにもかもなくなってしまうのだから。およそすべての、価値あるものや意味あるものが、まるごとなくなってしまうのだから。そして、二度と戻ってこないのだから。

人類の文明が滅ぶとは、こうしたことだ。

＊

人類の「文明」とはなにか。

それは人間の、さまざまな活動の全体である。

そして文明は、言語あってこそのものだ。言語なしに、どんな文明も成り立たない。言語は文明の、核である。

言語で、人びとはなにができるのか。言葉を交わし、意味を共有する。言語があるからこそ、この世界には意味がある。

人間の社会を満たしているのは、価値と意味である。

大事な点なので、ゆっくり説明しよう。

価値と意味

人びとが大事にしているものを、価値という。それが大事であるわけを、意味という。

価値も、意味も、目にはみえない。目にはみえないけれども、人間が人間らしく生きるのに、不可欠のものである。

ではそもそも、価値とはなにか。意味とはなにか。

議論し始めると、きりがない。なるべく簡単に、考えよう。

＊

いのちが大事なら、それは価値。家族が大事なら、それは価値。仕事が大事なら、それは価値。夕暮れのレストランで大切なひとと一緒に過ごすのが大事なら、それは価値。そうしたさまざまな価値の交点に、あなたはいる。そこで言葉を交わし、人びととさまざまな価値を共有し、意味を紡ぎあう。それが、生きるということである。

＊

そのすべてが、無に帰してしまう。言葉の土台が、壊れてしまう。これがどういう出来事なのか、考えることすらできない。それが、人類が滅ぶということだ。

人類は、滅んでよいか。

でも人類は、いずれ滅ぶのではないか。

ならばいま、人類はいまこの瞬間、滅びつつあるのではないか。

そのとき、あなたは、どう正気を保って生きるのか。

2 世界の終わり

巨大隕石が衝突し、人類が滅んでしまう。
そのなにが、どう問題なのだろうか。角度を変えて、もう少し掘り下げてみる。

たった一人の生き残り

そこで、つぎの質問を、考えてみよう。「生き残り問題」である。

Q5 （A）全人類が滅んで、あなただけが、たった一人で生き残る。
（B）あなただけが死んで、全人類は生き残る。
AとBとでは、どちらのほうがまだましか。また、それはなぜか。

＊

たった一人で生き残る。たった一人で死ぬ。どちらも、いやなことではあろう。

たった一人で死ぬ（B）。これは、考えてみれば、よくあることだ。誰でもやがて、そうやって死ぬ。ふつうの「死」である。

それなりの人数がまとまって、死ぬ場合もある。事故や津波や戦争で、死ぬ。でもそれは、大勢の人びとが、ばらばらに、たった一人で死ぬ、ということである。たまたま同時なだけだ。残りの人類は生き続ける。

人びとは、たった一人で死ぬことを、否応なしに受け入れてきた。それ以外に、どうしようもないから。あなたもそれは、理解している。

＊

そのあべこべに、たった一人で生き残る（A）。めったにない状況だ。でも、巨大隕石で人類が滅びそうな場合なら、ありうるかもしれない。

生き残ることに意味があるか

巨大隕石が、まもなく地球に衝突する。全滅を避けようと、あなた一人が選ばれて、宇宙船に乗ることになった。打ち上げのあと、宇宙船の窓から、あなたは地球の最後を目撃する。人類に別れを告げ、宇宙を飛んでいく。

あなたは生き残った。宇宙船には食糧も、運動する場所も、図書館も、なんでもそなわっている。好きなように過ごせばよい。

あなたは、幸せだろうか。

＊

たった一人の生き残りとして、あなたは『人類の思い出』という本を執筆するかもしれない。そのうち年をとり、死んでしまう。独房の囚人のほうが、まだましだと思うかもしれない。

やがて宇宙人と、遭遇する希望があれば、まだ耐えられる気がする。そのあてがないのなら、孤独は深い。

＊

たった一人で生き残るのは、なぜつらいのか。

それは、あなたが、自分の生命のほか、すべてを失ってしまったと感じるから。あなたにとって、生命が一番大事なものではないからだ。

たった一人で生き残る（A）のと、たった一人で死ぬ（B）のとでは、たった一人で死ぬほうが、まだしも受け入れやすく思えるのではないか。

死は終わりなのか

たった一人で死ぬのは、受け入れられる。

その場合、あなたが死ぬとは、なにを意味するのだろう。

Q6 (C)巨大隕石が衝突して、人類もあなたも死ぬ。
(D)あなた一人だけが、病気か事故で死ぬ。
このふたつは、違いがあるか。


死ぬ人数は、もちろん違う。

でも死ぬあなたにすれば、その違いは問題でないのではないか。死ねばあとのことはわからないのだから。

＊

あなたが、死ぬ。あなたは、存在しなくなる。あなたは、見ず、聞かず、感じず、動かず、考えない。あなたは、暗闇のような空虚になる。もう、ほかの誰かがいるか、わからない。この世界があるか、わからない。確かめる方法がない。

人類がいるかいないか、わからなくなる。それなら、人類とあなたがいっぺんに死んでも、あなた一人だけが死んでも、どちらも同じ、ということにならないか。
もしも、あなたが確かめ（られ）ることだけが、この世界について確実なことがらなのだとすると、つぎの定理が成り立つだろう。

定理２・１　あなたが死んだあと、世界や人類がまだ存在していると、あなたは確かめることができない。

これは、とても、確かなことかと思われる。

あなたが死ぬと、世界は終わる？

死ねば、あなたは終わる。では、あなたといっしょに、世界も終わるのか。

＊

こう、言いたくなるかもしれない。
あなたにとって、自分が死ぬことは特別かもしれないが、ほかの人間にとっては、そうではないよ。たとえばわたしは、あなたが死んでも痛くもかゆくもない。ちょっとは悲しいかもしれないが、それだけだ。そうやって、誰もが死んでいくのさ。おあいにくさま。

これまでにも大勢が死んできた。でも人類は、生き残っているじゃないか。あなただけが特別だなんて、うぬぼれるんじゃないよ。

要するに、あなたが死んでも、この世界はびくともしない。あなた一人がいなくなるだけ。人類は、あり続けるのさ。

*

なるほど。とても正しい。

それは、視点を、あなたでないほかの誰か（たとえば、わたし）に置いた場合の話だ。死ぬのはほかの誰かで、わたしではない。その彼（女）が死んでも、それだけのことだ。

つぎのように言える。

定理2・2　あなたが死んだあと、あなたが知っている世界や人類がまだ存在していると、あなた以外の誰かは確かめることができる。

これで、よいようである。

でもあなたは、こう言って逆襲することができる。

定理2・3　あなたが死んだあと、あなたが知っている世界や人類が、まだ存在していると、あなた以外の誰かが確かめることができることを、あなたが確かめることはできない。

定理2・2では、視点は、あなた以外の誰か（たとえば、わたし）に置かれていた。それを定理2・3では、もう一回、あなたに置き直す。すると議論は、ふり出しに戻る。

視点が複数ある

あなたの視点と、わたしの視点は違う。

視点は、複数ある。

視点が複数あるのは、なぜか。それは、人間が大勢いるからだ。人間はモノのように、ずらっと並んでいるのではない。一人ひとりが、視点をもっている。自分の視点から、世界を眺める。これは社会の、そして世界の本質に関わる。

＊

さて、人びとが順番に死ぬ。死ぬ当人以外の人びとにとっては、当人が死ぬ前も死んだあとも、視点は保たれている。だから、世界に変化がない。そのことを確かめられる。定理2・2は正しい。

けれども、死ぬ当人にとっては、視点は保たれない。死ぬとは、視点が「消滅」することだからだ。視点が消滅するから、そのあとのことは、確かめられない。よって定理2・1、定理2・3は正しい。

視点が複数あるとは、人びとがそれぞれ、視点をもっているということ。死をめぐって定理2・1、定理2・2、定理2・3がどれも正しい、ということである。

死は、超経験的である

人間は生きて、活動している。

この世界の出来事を、自分の視点から経験し、理解している。

誰かが死ぬことも、経験する。

ところが、自分が死ぬことは、経験できない。なぜなら、自分が死ぬとは、自分の視点が消滅することだから。自分の、経験の土台がなくなることだからだ。

＊

経験できないなら、死は存在しないのか。

経験を、近代は重視してきた。自然科学は、経験を説明する。経験できないものについては発言しない。だから自分の死は、語りえない。経験できないからだ。

では、自分の死は、ないのか。

そうではない。人間は誰もが、自分が死ぬことを知っている。経験的にではなく、「超経験的」に。

自分が死ぬことは、経験的に確かめられることではない。でもそれは、確実に起こること。この社会の「前提」（公理のようなもの）である。

公理は、証明されなくても、疑われない前提のことである。

定理2・4　人びとは、人間として対等である。そして、対等に死ぬ。だから、自分も死ぬ。それが経験的に確かめようのないことだとしても。

人びとが、対等であること。これがこの世界の、公理である。

誰もが、自分が死ぬことを、そのように確信する。

そして、自分が死んだあとでも、ほかの人びとは生きていると確信する。それは、経験できないのだけれども。

定理2・5　あなた（だけ）が死ぬのだと、あなたが知っているのであれば、あなたが死んだあとにも、世界は存在することをあなたは知っている。

この確信は、経験によるのではない。

この確信は、社会の前提である。ならば社会は、すみずみまで経験的に明らかにし、語り尽くすことができない。

言い換えれば、社会は、自然科学の枠に収まらないのである。

＊

死は、経験できない。死は超経験的な事実である。このことを、『死の講義』（ダイヤモンド社、二〇二〇年）という本で、じっくり論じてみた。興味のあるかたは、読んでいただきたい。

死を越えた世界

あなたの死は、世界の終わりではない。

自分が死んでも、世界は終わらない。

自分が死んだあとでも、世界はあり続ける。人類は、生き続ける。

人びとは、そのことを疑わない。そのことは、自分が生きる前提だからだ。

これを踏まえると、「隕石衝突問題」を整理して考えることができる。

＊

隕石の衝突が恐ろしいのは、自分が死んだあとに世界が存続し、人類が生き続けると信じられなくなるから。安心して自分が死ねなくなるからだ。

自分がたった一人で生き残ることが恐ろしいのは、自分の生命と視点が保たれているのに、世界も人類も滅んでしまうから。世界も人類も滅んでしまったことを、自分が経験しなければならないから。これほどの絶望があるだろうか。

これにくらべれば、人類とともに自分も滅んでしまったほうが、まだましではないだろうか。

＊

このように人びとは、人類の一員として生きている。

それは、言葉を用いて、意味をやりとりし、価値を紡ぎだすことである。

このことは、経験的な検証の原理を、はみ出している。

世界はこのような、言語を交わす人びとの交流の場である。

＊

ではこのことを、どう理解すればいいか。
しばらくそのことを、考え進めてみよう。

3　宇宙人を見分ける

あなたは宇宙船で、宇宙のかなたを目指した。もしも宇宙人と会うことができれば、彼らは、あなたのことを「宇宙人」と思うだろう。

この章では、あべこべに、宇宙人が地球にやってきたら、と考えてみる。

宇宙人が紛れこんだ

宇宙人は、円盤に乗ってやってくる。頭ばかり大きいタコのようなかたちをしていることになっている。

しかし、宇宙人は賢い。そんな姿では、地球に溶け込めない。地球人そっくりの姿で、こっそり紛れこもう、と考えるに違いない。

そこで、つぎの疑問を考えてもらいたい。

Q7　地球の人びとのなかに、宇宙からやってきた宇宙人がひとり混じっている。

その宇宙人を、見分けることができるだろうか。

宇宙人は、見たところ、地球人と同じ外見をしている。服装や髪形も、周りの人びとと変わらない。言葉を覚え、社会のルールを覚え、さまざまな知識を身につけ、ふつうに生活している。でも実は、宇宙人。そんな彼（女）を、人びとのなかから、見分けることができるか。

できないだろう。どこからみても、地球人と同じなのだから。いつも地球人そっくりにふるまっている。自分は宇宙人だと知っているのは、当人だけである。

＊

では、これを一歩進めて、つぎの疑問を考えてみてほしい。

Q8　地球の人びとのなかに、宇宙からやってきた宇宙人が百万人混じっている。その宇宙人を、見分けることができるだろうか。

混じっているのは、一人でなく、百万人。かなりの人数だ。あなたの周りにも、いるかもしれない。

宇宙人は、見たところ、地球人と同じ外見をしている。いつも地球人とそっくりにふるまっている。ならばやはり、宇宙人を見分けることはできないだろう。自分は宇宙人だと知っているのは、当人たちだけである。

地球人はどこにいる

これを、もっと進めてみると、つぎの疑問になる。

Q9　地球の人びとは、宇宙からやってきた宇宙人にすっかり入れ替わってしまった。宇宙人でないのは、あなたひとりである。あなたはそれに、気づくだろうか。

あなた以外の人びとは、みな宇宙人である。でも誰も、それをおくびにも出さない。外見もふるまいも、まったく地球人そのものだ。彼ら宇宙人は、そのことを知っている。知らないのは、あなただけだ。

あなたはそのことを、気づくだろうか。気づかないに違いない。気づくだけの証拠がない。

＊

ついでに、こんなことも考えてみる。

Q10　地球の人びとは、宇宙からやってきた宇宙人にすっかり入れ替わってしまった。あなたも、宇宙人のひとりである。けれども、あなただけは、うっかりそのことを忘れてしまった。あなたはそのことに、気づくだろうか。

あなた以外のすべての人びとは、地球人のようにふるまっている。でも、自分は宇宙人だと知っている。あなたも地球人のようにふるまっている。そして、あなただけが、自分は地球人だと思っている。宇宙人なのに、その自覚がないとする。

この場合、あなたが、自分は実は宇宙人だと気づくだろうか。きっと、気づかないだろう。地球人は、ほんとうはどこにもいない。けれどもあなただけが、自分は地球人で、みんなも地球人だと思っているのである。

＊

以上をまとめると、つぎの定理が成り立つ。

定理３・１　地球人のあいだに、宇宙人が何人混じっていても、彼らを見分けることはで

きない。

定理3・2　あなたが、自分は宇宙人なのに、地球人だと思っているとする。あなたは、自分が宇宙人であることを、決して気づかないだろう。

宇宙人と地球人

そして、もっと大事な結論は、つぎのことである。

定理3・3　地球に住んでいるのが、すべて地球人であるのか、一部が地球人で一部が宇宙人であるのか、それとも、すべて宇宙人であるのか、見分けることはできないだろう。

＊

地球人は、もしかすると、みな宇宙人かもしれないということだ。

見分けられない。ならば、アンケートをとったらどうか。「あなたは宇宙人ですか？」正直に答えてもらえるかどうかわからない。それに、宇宙人であることを忘れ、自分を地球人だと思っている者もまじっているかもしれない。あなたのように。
地球には、おおぜいの人びとが住んでいる。その誰が宇宙人でも、不思議はないのだ。

＊

これとよく似た、微妙な定理も成り立つ。注意ぶかく読んでもらいたい。

定理３・４　地球に住んでいるのが、すべて地球人だとしても、すべて宇宙人だとしても、人びとのふるまいからは、区別できないだろう。だから、地球人と宇宙人を、区別する必要はない。

地球人は同時に、宇宙人でもある、ということである。

＊

地球人は、自分は地球人だと思っている。宇宙人は、自分は宇宙人だと思っている。ふつうはそうだろう。でも、ときどき忘れたり、勘違いしたりする。自分をどう思うか、あてにならない。たしかなのは、地球人も宇宙人も、同じようにふるまう、ということである。ならば、地球人と宇宙人を区別する理由がどこにあるだろうか。

＊

太陽系の成り立ち。太陽は水素ガスのかたまりで、核融合で光っている。木星や土星などガスの巨大惑星は、太陽と似た組成である。いっぽう、地球や火星のような小さな惑星には岩石がある。その昔、どこかの超新星が爆発してうまれた、炭素や硫黄や鉄や、原子番号の大きめの原子が集まっている。人間の身体も、そうした原子でできている。

地球に住む人びとの材料が、宇宙(太陽系外)に由来するのは間違いない。

宇宙人・ヴィトゲンシュタイン

生まれたときは、誰でも、自分を地球人だと思っていない。ただ生まれた。たまたま生まれた場所が、地球だっただけだ。

ならば、生まれたときは、宇宙人なのだ。

そのあと、育てられているうちに、いろいろわかっていく。歩けるようになる。言葉を話せるようになる。そして、周りで起こっていることが、すべて当たり前であると思うようになる。

宇宙人であることを忘れて、地球人になる。

たいていの場合は。

＊

でもなかには、宇宙人のまま地球人をやっているひとがいる。

地球人のようにふるまい、地球人として生きていく。でもどこか、ぎこちない。自分はほんとうに地球人か。宇宙人ではないのか。なぜこの星では、ものごとはこういうふうに進むのか。ほかの人びとはこのようにふるまうのか。

そういうひとは、考えるたびにつまずく。つまずくたびに考える。それは、哲学者のやり方に似ている。

そういうひとが、たまに出てくる。二〇世紀の前半にも、出てきた。オーストリアに生まれた、ルートヴィヒ・ヴィトゲンシュタイン（Ludwig Wittgenstein 1889-1951）だ。

なぜ、言語ゲームか

ヴィトゲンシュタインは、いっぷう変わった人物だ。そして、天才だ。

ヴィトゲンシュタインの波乱に満ちた生涯と、彼の思想を語り出すとすぐ一冊の本になってしまう。ここでは代わりに、年表にまとめておこう（45ページ）。もっと興味のあるひとは、橋爪大三郎『はじめての言語ゲーム』（講談社現代新書、二〇〇九年）をひもといていただきたい。

＊

ヴィトゲンシュタイン略年表

1889（0歳） 4月26日、ウィーンに生まれる。8人きょうだいの末っ子。

1902（13歳）長兄ハンス自殺。

1903（14歳）リンツの実科学校に入学。

1904（15歳）三兄ルドルフ自殺。

1906（17歳）ベルリンのシャルロッテンブルク工科大学に入学。

1908（19歳）マンチェスター大学で航空工学を学ぶ。

1911（22歳）フレーゲ、ラッセルを訪問。

1912（23歳）ラッセルのもとで哲学を研究。

1913（24歳）父カール死去。莫大な遺産を相続する。

1914（25歳）第一次世界大戦勃発。オーストリア軍に志願し従軍する。

1918（29歳）『論理哲学論考』を完成。イタリア軍の捕虜となる。
次兄クルト自殺。

1919（30歳）遺産を放棄。

1920（31歳）小学校教員となる。

1922（33歳）**『論理哲学論考』**出版。

1926（37歳）教員をやめウィーンに戻る。ストロンボー邸を建築。

1929（40歳）ケンブリッジ大学に戻る。

1930（41歳）講義を始める。

1934（45歳）『青色本』『茶色本』の原型できる。

1936（47歳）『哲学探究』を書きはじめる。

1938（49歳）イギリス国籍取得。

1939（50歳）ケンブリッジ大学哲学教授に就任。

1941（52歳）ロンドンの病院で働く。

1947（58歳）ケンブリッジ大学哲学教授を辞職。

1951（62歳）4月29日、ガンのため死去。

1953 **『哲学探究』**出版。

そのヴィトゲンシュタインが、言語ゲームを思いついた。

言語ゲーム（language game/Sprachspiel）。現代哲学のキーワードのひとつになっている。

言語ゲームとはなにか。簡単に言うなら、**人びとの一致したふるまい**のこと。言葉をしゃべる。服を着る。挨拶をする。家族で暮らす。なんでもいい。人びとが社会を営むそのやり方が、言語ゲームである。

どうしてヴィトゲンシュタインは、言語ゲームを考えたか。それは彼にとって、この社会の成り立ちが、不思議で不思議で、どうしても腑に落ちなかったからである。どんな言語ゲームがいくつあるのか。その決まり（規則、ルール）はなにか。なにを根拠に成り立っているのか。疑問があとからあとから、湧いてくる（なにせ彼は宇宙人なのだから、仕方がない）。

＊

言語ゲームについて書いてあるのが、『哲学探究』（Philosophical Investigations）だった。ヴィトゲンシュタインの死後、残された草稿をもとに出版された。

読んでみると、理解しにくい。書いてあることひとつひとつはわからないでもないが、断片の寄せ集めのようで、全体として何を言いたいのか、つかみにくい。難解な書物ということになっている。

＊

本書は、ヴィトゲンシュタインの解説書ではない。哲学の本というわけでもない。社会の成り立ちについて考える本だ。だから、「ヴィトゲンシュタインが何を考えたのか」は専門家にまかせる。かわりに、「ヴィトゲンシュタインのようにあれこれ考えてみる」、をやってみよう。言語ゲームの練習問題、である。

練習問題をやってみる

小さい子は、よく質問する。言葉を覚えたてで、質問するのが面白くてしょうがない。大人に聞いて、答えを聞くと満足する。質問と答え。このやりとりも、一種の言語ゲームである。

やがてだんだん、質問しなくなる。世の中が当たり前のように見えてくる。それに、いつまでも質問していると、子どもっぽいと思われる。

＊

ヴィトゲンシュタインは、この子どものころの質問を、大人になっても止めなかった。親に聞くわけではない。自問自答する。そして質問は、どんどん数が増え、ますます根本的になっていく。

耳を澄ますと、聞こえてくるのは、こんな声だ。

――ボクは宇宙人です。みなさんは、地球人ですか。

――地球では、どんなふうに、言葉を話しますか。その意味はなんですか。

――なぜみなさんは、相手のことが理解できますか。

なぜ、なぜ、なぜ……。ヴィトゲンシュタインの問いは、竜巻（トルネード）のように強烈だ。竜巻は、屋根も壁も吹き飛ばして、人びとを丸裸にしてしまう。この社会を生きていることの根拠のあやふやさが、浮き彫りになる。

ヴィトゲンシュタインは、意地悪でそうしているわけではない。彼自身が必死なのだ。ボクは宇宙人か地球人かわからないのです、助けてください、である。

*

そこで、練習問題は、こんな感じだ。

練習問題は、ほんものの問題ではない。やさしい。とは言え、問題であることには変わりない。

大学で抽象代数を学ぶ。「群」を習う。演算がひとつある集合です。「体」を習う。演算が二つある集合です。では、「体」の性質はなんでしょう。……そういう学び方が、上級問題だ。

練習問題は、こんな具合だ。「体」には、足し算／引き算、かけ算／割り算、があります。小学校で習う算数が、「体」です。では、小学校の算数をよく復習しましょう。

小学校の算数も、つるかめ算や植木算があって、それなりにむずかしい。その練習問題をしっかり解けば、抽象代数を学ぶのと同じ効果がある（のではないか）。

真剣に考える

ヴィトゲンシュタインは、この地球で行なわれている言語ゲームについて、手あたり次第に考えをめぐらせた。生涯をかけて。

それに比べれば、本書はオモチャのようだ。でも、オモチャなりに真剣に考えよう。ヴィトゲンシュタインに失礼のないように。

＊

ヴィトゲンシュタインは、真剣に考えた。だから、本物の哲学になった。

ヴィトゲンシュタインは、誰か（ほかの哲学者）の考えについて、考えたのではない。どこからどこまで自分で考えて、それを文章につづった。だから、考えの部分と地の文の区別がない。

大学で教える哲学は、もっとお気楽である。「こういう哲学者がいて、こういうことを考えました」考えの部分と、それを報告する地の文の、区別がある。報告する本人は考えていない、ということだ。こういうのを、哲学とは言わない。少なくとも、ほんものの哲学ではない。

ヴィトゲンシュタインの場合。哲学の問いが、彼の存在そのものをのみ込んでいる。真剣に哲学をやる、切迫感がある。これは、真似できるものではない。人間として生きることは、どういうことなのか、地球人のみなさん、教えてください。彼の書くもののどの行からも、その叫びが聞こえてくる。もちろん、誰も教えてあげることができない。彼のほうが、ほかの誰よりもたくさん、先のほうまで考えているのだから。

*

約束しよう。

この本は、ヴィトゲンシュタインに比べればまるでオモチャだ。小学校の算数だ。でもその問題が解けるかどうかで、自分の生き方も、ものの見方も、まるで違ってしまうという覚悟で考えよう。さもないと、ものを考えたことにはならない。

子どもは、真剣に遊ぶ。真剣に遊ばなければ、遊んだことにはならない。

大人は、真剣に考えよう。考えることに、お金はかからない。その気になれば、誰でもできる。そして、真剣に考える大人が増えれば、この世の中はその分だけ、ちょっとましになると思う。

4 言葉と意味

言語という問い

言語、言語、言語……。
ヴィトゲンシュタインは生涯、言語にとり憑かれていた。
前期の『論理哲学論考』は、言語の基礎づけの話。
後期の『哲学探究』は、言語ゲームの話。
なぜそこまで、言語なのか。
それは、言語の謎を解かないと、彼が生きられなかったからだ。

*

ヴィトゲンシュタインはぽつんと一人、孤立していた。
自分は宇宙人で、地球人のなかに紛れこんでいる。
あるいは、自分は人間で、宇宙人のなかに紛れ込んでいる。
とにかく、正気を保って、人間（宇宙人？）らしく生きていくのが、大変だった。

言語を正しく使って、はじめて、人間は人間らしくなる。

言語を理解しないと、言語を正しく使えない。

言語の謎を解かないと、自分は自分でいることができない。

この切迫した危機感が、ヴィトゲンシュタインを言語に向かわせている。

＊

言語は重要なテーマである。誰もがふつう、そう思う。哲学も、言語学も、文学も、芸術も、……。

言語に注目する。そして、研究する。

でもヴィトゲンシュタインの場合は、切迫の度合いがまるで違う。彼は、ほんとうなら同時代の誰もが感じていなければならない危機感を、ひとりで背負って、ひとりで苦しんだ。そして将来を、照らす灯火となった。

切迫の文体

切迫する危機感は、文体に表れる。

前期の『論理哲学論考』の文体は、枝分かれの番号をつけた命題の集合だ。世界も言語も、論理的に出来あがっている（べきだ）という考えを表現している。フレーゲやラッセルの、論理学で言語を基礎づけるというアイデアの影響もあったかもしれない。
その骨格になる、重要な命題を抜き出しておく。

1. 世界とは、かくあることのすべてである。
2. かくあること、すなわち事実とは、事態が存立していることである。
3. 諸事実の論理的な写像が、思考である。
4. 思考とは、有意義な命題である。
5. およそ命題は、要素命題の真理関数である。
6. 真理関数の一般形は、$[\bar{p}, \bar{\xi}, N(\bar{\xi})]$である。
7. 語りえぬことについては、沈黙しなければならぬ。

この命題の下に、1・1　世界は、事物でなく、事実の全体である。などの命題が順番にぶら下がっていく。

前期の文体は、簡潔で、明晰で、論理的である。枝葉を削ぎ落とし、無駄がない。この過剰に論理的な文章の組み立てが、切迫した危機感の表れである。

＊

前期のキーワードは、論理である。論理とはなにか。

『論理哲学論考』は言う。いっぽうで、世界は、出来事の集まりである。もういっぽうで、言語は、命題の集まりである。世界は、要素的な出来事からなる独自の内部構造をもっている。言語も、要素命題からなる独自の内部構造をもっている。このふたつの内部構造は、ぴったり同型である（写像関係になっている）。この写像関係が、論理なのだという。とても特別な、論理の考えだ。

考え方としては興味ぶかい。だが、疑問も出てくる。世界は、内部構造をもつのか。言語は内部構造をもつのか。二つの内部構造はなぜ、ぴったり一致するのか。説明はなく、単に前提されるだけだ。ヴィトゲンシュタイン自身が、後期になると、この前提は成り立たないと考えるようになる。

＊

そこで、後期のヴィトゲンシュタインは、この文体を放棄する。論理によって、言語を基礎づけることはできない、とわかったから。論理が基礎づけないとすれば、言語を基礎づけるのはなにか。それを模索するなかで、言語ゲームのアイデアが生まれてきた。そしてその模索は、いっそう切迫したもうひとつの文体をうみだした。

模索する文体

言語ゲームを模索する、後期のヴィトゲンシュタインの文体の特徴を、箇条書きにまとめるのはむずかしい。そこで代わりに、例で示してみよう。

（イ）

言語はなぜ、意味をもつか。言葉の意味とはなにか。言葉は、ものごとを指し示す。指し示されることがらが、言葉の意味ではないのか。たとえば、「イヌ」の意味は「犬」ではないのか。――この常識的な考え方が、ヴィトゲンシュタインにはもう疑問だ。「犬」とはなにか。いままでみたことのある犬のことか。みたことのない犬が現れたら、それは「犬」か。わたしの「イヌ」と誰かの「イヌ」が、一致しなかったらどうなるか。こういうことを、ヴィトゲンシュタインは真剣に、順番に、考えていく。ここから言語ゲームの輪郭が浮かび上がってくる。

（ロ）

と、（イ）のように書けばわかりやすい。けれどもこれは、『哲学探究』の文体ではない。著者も読者も安心できる、地の文になっている。たとえば、冒頭の《言葉はなぜ、意味をもつか》という文が、明快な一義的な意味をもつことは疑われていない。言語ゲームを主題とした文章なのに、その文体が言語ゲームを裏切っている。著者が言語ゲームをしていない。もしも言語ゲームをすると、（ハ）みたいになるはずだ。

（ハ）
ある日わたしが、犬を連れて散歩していた。すると、猫とお散歩ですか、と声をかけられた。いや、犬ですけど、と言うと、知らないんですか、これはわたしが去年まで飼っていた猫なんです、と言われた。としたらどうか。

あのひとは、犬を猫とよぶのか。では猫は、なんとよぶのか。

あのひとは、飼っていた犬に、猫という名前をつけていたのか。

あのひとは、猫だと思って、犬を飼っていたのだろうか。

わたしが飼っているのは、実は犬／猫で、あのひとがみると猫にみえ、わたしがみると犬にみえるのだろうか。

わたしが犬だと思うものが、犬である証拠はどこにあるか。

（ニ）

この文体（ハ）の特徴は、地の文がないこと。読者は、どの文に考えを落ち着かせればいいのか、わからない。著者が何を言いたいのか、わかりにくい。どこかの断片を引用して、著者の考えだとすることもできない。文章の全体がぐるぐる渦を巻いていて、言葉についての常識をひとつずつ壊していく。常識を壊すのは、壊すことが目的ではなく、そこから言葉の本来の姿を見つけ出すためだ。

『哲学探究』は、（ハ）のような文体だけでできている。言語ゲームとはなにかがじんわり伝わってくる。ヴィトゲンシュタインにしかできない離れ業だ。

＊

本書は、『哲学探究』のオモチャ版である。本文はわかりやすく（イ）の文体で、ところどころに（ハ）を、練習問題のように挟みこんでみた。

「イヌ」はどういう意味なのか

言葉に意味があるのは、当たり前ではないか。

と思うひとがいるだろうから、さっそく練習問題をやってみよう。

Q11 あなたは地球人で、言葉の意味がわかっている。たとえば、「イヌ」の意味。そこへ宇宙人が来て、質問した。「イヌ」ノイミハナンデスカ。オシエテクダサイ。ヨロシクオネガイシマスデス。

どうやって説明しようかと考える。

定義をするのはどうだろう。

「動物で、四つ足で、ワンワンと吠えるのが、イヌです」でも、「動物」ッテナンデスカ？　と聞かれそうだ。また説明してもよいが、また聞かれて、終わりがない。

「このポチと、そのクロと、あのシロが、イヌです」デハ、ソノブチハ「イヌ」デハナイノデスネ、と言われてしまいそうだ。

＊

そこであなたは気づく。言葉の意味を、自分はわかっていた。少なくとも、そのつもりだった。でもそれを、宇宙人に教えることができない。自分は言葉の意味を、わかっていないのではないか。でもそれなら、なぜ自分は、言葉を使うことができていたのだろう。

つぎの定理が成立する。

定理4・1　言葉の意味を、言葉で説明することはできない。

定理4・2　言葉の意味を、実物によって説明することはできない。

これは、言葉には意味がない、ということだろうか。

言葉が通じる奇蹟

言葉には、意味がある。

意味を指し示したり、表したりするのが、言葉である。

言葉と意味は、切っても切れない。言葉に意味があるのは、当たり前だ。——そう、あなたは思っているかもしれない。

だが、言葉が意味をもち、相手に通じるのは、そんなに当たり前のことなのか。

＊

言葉が、意味をもち、相手に通じる（ように思われる）のは、ほんとうは実に不思議なことなのだ。

この世界は、互いを理解しあう人間の集まりのように思える。そのいっぽう、互いを理解するのが困難な宇宙人の集まりのようにも思える。

目の前にいる相手は、宇宙人かもしれない。自分も、地球に紛れ込んだ宇宙人かもしれない。それなら、言葉を理解しあえるとしたら、ほとんど奇蹟なのである。

言葉の意味

では、意味とはなにか。

意味は、経験そのものではない。経験の裏側に隠れている。隠れていたものが現れたとき、意味が「わかった」と思う。なにが隠れていたかは、「わかった」あとで、明らかになる。

言葉はまず、声である。声は、喉から出る音である。身ぶりや文字として、経験されることもある。けれども言葉が言葉であるのは、その裏側に意味を隠していて、それを伝えるためである。

＊

言葉のあつまりを、言語という。

言語には、日本語、英語など、いくつもある。

この本は、日本語で書いている。以下、日本語を例にする。

＊

言葉に意味があるのは、たぶんそうだとして、言葉と無関係な意味もあるのだろうか。

言葉と関係がなくても、経験（すぐわかること）の裏側に、なにかが隠れていたのがわかったとき、そうだったのかと、その意味がわかることがある。

いやに学校が静かだと思ったら、創立記念日で休みだった、とか。池のナマズが暴れると思ったら、地震の前兆だった、とか。

だから、言葉と無関係な意味もある、と考えることもできる。

＊

言葉の意味は、そうした場合とあり方が違っている。「イヌ」という発音と「犬」という生き物とは、なんの関係もない。ただ、「イヌ」が「犬」の意味、と決まっているだけである。

言葉の意味が、人間の生きる世界の意味の、大部分を占めている。以下、言葉の意味のなりたちを追いかけることにする。

指示する

言葉は、なにかを指示できる。指示作用（signification）である。

言葉の意味と、指示作用について考えてみる。

*

言葉の、簡単な用法のひとつは、なにかを「指示」することである。

「指示」とは、そのモノを指し示すことである。

たとえば、イヌは、犬を指示する。

イスは、椅子を指示する。

イヌと言い、イスと言う。それは、犬のことであり、椅子のことである。

イヌ／イス、が区別されるように、犬／椅子、が区別される。イヌ／イス、は人為的な区別（対立）であり、犬／椅子、も人為的な区別（対立）である。人為的とは、現実世界（自然界）の成り立ちのなかに、その根拠をもたないことをいう。

*

以上は、スイスの言語学者・ソシュールの議論のまとめだ。でも、ヴィトゲンシュタインの議論だと言っても通用するだろう。そこで、

定理4・3　イヌ／イス、を区別することができるから、犬／椅子、を区別することができる。

定理4・3に対しては、犬が抗議する可能性がある。自分は、イヌ／イス、を区別することはできませんが、犬／椅子、の区別ならわかっています。ワン。

この抗議は、ゆっくり考えてみる値打ちがあるが、いまは、言葉の意味を考えているので、さしあたり却下しよう。

ワンワン（なお抗議します、の意味）。

犬をおとなしくさせるのは、読者への宿題とする。

実物か概念か

さて、なぜ言葉は、そのモノを指示するのだろうか。

＊

イヌと言うと、犬のことである。犬とは、そこにいるその犬（ポチ）のことか。それとも、犬の概念のことか。イヌは、なにを、意味するのか。

犬の概念が、言葉（イヌ）と別にあるとすれば、その言葉（イヌ）がなにを指すかは、すっきりのべられる。イヌという言葉の意味は、概念「犬」です。なるほど。

＊

では概念は、どうやって存立しているのか。概念が、言葉と無関係であるなら、
（1）概念の相互関係によって与えられている、
（2）要素的な概念によって与えられている、
（3）実物世界のなかに基礎をもっている、
のどれかであろう。
（1）のように考えると、犬の概念は、猫でない、狼でない……、四つ足である、ワンワンとなく、……のように、成り立っていることになる。ではこれらの性質は、言葉と無関係に、どのように成立しているのか、謎である。
（2）のように考えると、さまざまな概念の根底に、いくつかの要素的な概念があることになる（言語学の、意味解析がそういうやり方をとっている）。ではその要素的な概念は、どのように成立しているのか。謎である。
（3）のように考えると、言葉は概念ではなく、実物を指すことになる。でも言葉のなかには、実物を指さない、抽象的な意味のものもある。たとえば、今日とか、嘘とか、正義とか……。これも、謎である。
いずれにしても、議論はひとすじ縄でない。

5　言葉と実物世界

Q12　犬をイヌとよぶ。イヌは犬のことである。だが、なぜそんなことが可能なのか。犬は、イヌという言葉がなくても、犬なのか。

イヌという言葉を聞くと、さまざまなイメージが頭のなかを駆けめぐる。あんな犬もいた、こんな性質もあった。——イヌの概念である。

イヌという言葉の意味は、犬の概念ではないだろうか。

言語学ではふつう、イヌの意味を、犬の概念だと考える。

＊

だが、ヴィトゲンシュタインはそう考えない。言葉の意味は、頭のなかの概念なんかではない。それは、地球人の考え方だ。地球人は、頭のなかみはおんなじだと信じている。だがそんなことはわからない。頭のなかみを取り出して、比べることはできない。なにせヴィトゲンシュタインは、宇宙人なのだ。言葉が曲がりなりにも通じる理由を、誰か説明してくれ！　頭のなかみとか持ち出さないで。

ヴィトゲンシュタインは、言葉の意味を、実物世界との関係で考える。概念との関係でなしに。

なぜ実物世界か

言葉を、概念によってではなく、実物によって基礎づけよう。そのほうが望ましい。概念は、目に見えない。自分が頭に描く概念と、相手が頭に描く概念が、同じかどうか比べられない。概念が共通だから、言葉の意味が通じる、とは言えない。

いっぽう実物は、そこに存在する。自分にとっても、相手にとっても。目で見て、耳で聞いて、手で触れて、確かめることができる。

実物がそこにそうあるのは、確かである。宇宙人と地球人が出会って、相手が何を考えているかまったくわからなくても、言葉を交わす足場になる。

この世界は、実物の集まった、実物世界だ。誰にとっても、共通の基盤になる。

直示的定義

ヴィトゲンシュタインは、実物と言葉の関係はどうなっているか、いろいろ考えた。その思考実験のひとつが、「直示的定義 deictic definition」である。

直示的定義。聞き慣れないかもしれない。どういうものか。

＊

この世界には、実物（モノ）がある。ここには、犬がいる。そこには、椅子がある。あそこには、机がある。などなど。

言葉は、これらの実物を、指し示すことができる。それが言葉の用法（指示作用）である。そして、指し示される実物（犬、椅子、机……）が、言葉の意味である。イヌと言えば、犬のことである。イスと言えば、椅子のことである。ツクエと言えば、机のことである……。

明快ではないか！

＊

ではこの、言葉とそれが指し示す実物との「対応」は、どのように始まったのか。

言葉を使い始めるその最初のときに、決定的な出来事が起こった。それが、言葉の「定義」である。ツクエと言えば、この机を指すのだと決める。

定義の本質は、規約である。そう「決める」ということだ。

いったん決めたら、その規約はそれ以後、その言葉を使うすべての人びとを拘束する。

その定義を外れて、その言葉を使うことはできなくなる。

アダムによる命名

直示的定義は、言語命名論の一種である。言葉がモノを指し示すことができるのは、そう名前を与えたからだ、と考える。

*

旧約聖書「創世記」には、つぎのように書いてある。

《主なる神は、野のあらゆる獣、空のあらゆる鳥を土で形づくり、人のところへ持って来て、人がそれぞれをどう呼ぶか見ておられた。人が呼ぶと、それはすべて、生き物の名となった。人はあらゆる家畜、空の鳥、野のあらゆる獣に名を付けたが、自分に合う助ける者は見つけることができなかった》（2章19－20節、新共同訳）

主である神が実物を創造すると、人（アダム）がそれに名前をつけた。「それが名となった」とあるから、命名が規約として、それ以降の人びとを拘束していることがわかる。言葉が意味をもつのは、最初に、このような出来事（命名）があったからだ、と考える。

これが、言語命名論である。

直示的定義は、このヴァリエーションである。

直示的定義は可能か

直示的定義は、うまく行くのか。

つぎの問題を考えてみよう。

Q13 ある実物を指して、イスと定義した。しばらくして、この椅子が壊れた。では、イスという言葉は、何を指すのか。

このモノ（個物）を、イスという。だから、このモノは椅子である。

でも、言葉はふつう、個物でなく、ある種類のモノを指すものであろう。椅子は、いくつもある。犬は、何匹もいる。いくつもあるモノを、ひとつの言葉でよべるから、言葉は便利なのだ。もし個物（だけ）を言葉が指すのだとすれば、言葉はいくつあっても足りない。世界には、無数の個物（モノ）があるのだから。

直示的定義は、どこかおかしくないか。

＊

それでは、イスという言葉は、さまざまなモノ（実物）に共通する性質を指すのか。

Q14 イスとよばれるさまざまなモノ（実物）がある。そのすべてに共通する、イスの性質があるのか。

この椅子以外の、ほかの椅子も、イスとよばれるのは、共通点があるからだろう。どの椅子も持っている共通点。椅子ではないモノは持っていない共通点。それは何だろう。

この椅子の性質。木でできている（金属や布張りの椅子もある）。四本足だ（そうでない椅子もある）。チョコレート色だ（赤や黄色の椅子もある）。坐れる（箱にだって坐れる）。背もたれがある（背もたれがない椅子もある）。肘かけがある（肘かけがない椅子もある）……。この椅子には、いろいろな性質がある。そのいくつかは、ほかの椅子にはない。そのいくつかは、椅子以外のものにもある。すべての椅子にちょうどあてはまる、ぴったりの性質をどうやれば取り出せるだろうか。

＊

すべての椅子に共通する、ちょうどぴったりの性質の組み合わせがある、としよう。

さて、この椅子（個物）を、イスと定義している（直示的定義）。そのとき、どんな椅子の性質のことを、イスと定義したのか。たとえば、それが「四本足で、背もたれがあって、坐れる」だとして、なぜそうとわかるのか。定義する際には、「これがイス」とある椅子を指差しているだけだ。ある椅子は、たくさんの個別の性質をもっている。それの、どこがどう椅子なのか。

そこで、つぎのように言える。

定理5・1　ある椅子（個別）を差して、「これがイス」と定義し、それがすべての椅子を意味するためには、定義に先立って、椅子とはなにかが理解されていなければならない。

要するに、直示的定義が成り立つためには、定義に先立って、定義されるのが何かがわかっていなければならない、ということである。

これでは、定義は空回りする。定義は定義になっていない。つまり、

定理5・2　直示的定義によって、言葉の意味を基礎づけることはできない。

直示とは、個物（モノ）を示すこと。言葉は、類（一群のモノ）を指す。個物を示すことによって、類を指すことはできないのである。

モノの名前

モノには名前がある。名前は、モノを指し示すことができる。名前は、言葉の一種。モノを指し示すのは、言葉の基本的なはたらきのひとつだ。

名前とはなにか。なぜ名前は、ものを指し示すことができるのか。――これを明らかにしなかったら、言語を理解したことにはならない。

名前について、考えてみよう。

＊

名前には、二種類ある。普通名詞と固有名詞だ。

普通名詞は、いくつもの個物（モノ）を指す。

椅子は、いくつもあるが、どれも椅子。犬は、何匹もいるが、どれも犬……。個物（モノ）は、ひとつひとつ微妙に違っている。それを無視して、ひとつの類（カテゴリー）にまとめる。普通名詞は、それを指す。イス、イヌ……などとよぶ。

固有名詞は、たったひとつの個物（モノ）を指す。

このひとは、太郎。このひとは、花子……。この犬は、ポチ。この犬は、シロ……。どんなに似ているところがあっても、混同しない。たったひとつしかないものは、たったひとつなのだ。

言語は、この二種類の名詞を組み合わせて、世界を分類し、整理するのだ。

イヌという確信

いま例にしたイスは、普通名詞である。

普通名詞について、考えよう。

＊

この世界には、いくつも椅子がある。たぶん数えきれないだろう。個々の椅子は、椅子の個物。それらが集まったものが、類（カテゴリー）としての椅子である。類としての椅子を指して、イスと言う。個物を指すときは、このイス。イスがひとつ、あるイス、などと言えばよい。

これは、どういうことか。

この世界には、椅子でないものも、いろいろある。犬や、机や……さまざまだ。その世界を、椅子／椅子でないもの、に分けているのである。どうして分けることができるのかはさて措こう。とにかくこのように分けることができるから、イスという言葉が意味をもつ。イスと言えば、椅子を指すことができるのである。

こういうことができないなら、それは名前とは言えない。

名前がある。名前で、モノを呼ぶことができる。これは、言語の、基本的な性質だ。

＊

考えてみると、不思議ではある。

自分は、犬とはなにかを知っている。だから、イヌという言葉を使う。世界のどんなモノも、犬か犬でないか、のどちらかだ。犬を知っているとは、そう確信することである。でもこの確信に、根拠があるのか。犬かどうかわからなくて、混乱するケースが、将来出てこないとなぜ思っていられるのか。

犬は集合か

集合論によって、犬を定義しておけば、いまのべた問題を片づけられると思うかもしれない。集合論は、「すべての要素は、その集合に属するか属さないか、どちらかである」という考え方で、できているからである。

ラッセルら哲学者は、集合と論理を下敷きに、名詞の意味を説明しようとした。

＊

集合の定義には、ふた通りあった。

ひとつは、要素（集合のメンバー）を列挙して、集合を定義するもの。

犬＝｛ポチ、シロ、クマ、ブチ……｝　（5―1）

のように。もうひとつは、集合の要素が満たすための必要十分条件を記述するもの。

犬＝｛x｜xは、犬の性質を満たす｝　（5―2）

具体的には、

犬＝｛x｜xは、四つ足、ワンワンなく、……｝　（5―3）

のように。

＊

ここで、集合というものの性質について、注意しておきたい。

集合は、数学の概念。数学では、きちんと定義できて、八面六臂のはたらきをする。集合の考え方でうまく行くのは、数学が、考えられただけの抽象的な世界で、現実（実物世界）にはかかわらないからだ。

いっぽう、犬や、椅子や机や……は、現実に存在する、実物（モノ）である。言葉は、実物（モノ）を指し示す。現実（実物世界）のなかで、意味をもつ。言葉は、定義すればおしまい、考えればおしまい、というものではない。

定義（5－1）も定義（5－2）（5－3）も、伝統的でオーソドックスな集合の定義ではある。でも、どちらも言葉の定義としては、非現実的である。

＊

（5－1）を、犬の定義としてみよう。犬であるはずのものを、一匹ずつ、数え上げねばならない。ポチ、シロ、クマ……。一匹ももれがあってはならない。世界中の犬という犬を残らず数え上げてやっと、犬を定義できる。実際には、不可能であろう。そんなことは、誰にもできない。

では、定義をあきらめるか。では、イヌという言葉がなにを指すか、知らないということになるのか。世界中の誰ひとり、イヌという言葉を正しく使えないことになるのか。

＊

（5－2）（5－3）を、犬の定義としてみよう。犬であるはずのものが満たすべき性質を、過不足なく書き出す。これは、実行できそうに思われる。たとえば、犬は、動物で四本足でワンワンなくもの。だが、飼い犬のポチが、交通事故で、三本足になってしまった。ポチは、犬でなくなるのか。元犬であって、三本足になったものを含む、とただし書きをつけるか。どれだけたくさんのただし書きをつければ十分だろうか。

犬であることの過不足ない必要十分条件を知らないと、イヌという言葉が使えない。非現実的すぎる想定ではないか。

＊

（5－1）も（5－2）（5－3）も、犬を定義できない。とすれば、犬を集合論のやり方で定義はできない、ということだ。

定理5・3　イヌという言葉は、現実世界のなかの、犬の集合を指すことができない。

でも、イヌという言葉は、たしかに、あれこれの犬を指すことができる。

ならば、イヌという言葉が、実物世界のなかで指すのは、犬の「集合」ではなくて、別ななにかだと考えるべきではないか。

前期理論の工夫

前期のヴィトゲンシュタインは『論理哲学論考』のなかで、言葉がどのように意味をもつかを考えた。

そのアイデアは、言語のある命題（文）と、世界のある出来事とが、「対応」すると考えることだった。たとえば、

「このバラは、赤い」　（5－4）

この命題（文）は、世界のなかで、〈このバラは、赤い〉という出来事が起こっているときには、真（ほんとう）である。起こっていないときには、偽（いつわり）である。この命題「このバラは、赤い」は、この出来事のためだけにある表現だ。「そのバラは、白い」や、「あのバラは、黄色い」と関係ないことになっている。

バラは、普通名詞である。あれもこれもバラで、どのバラも指すことができるからバラという言葉なのだが、ヴィトゲンシュタインは、バラを、集合だと考えなかった。

ラッセルが当時、集合論に深くコミットしていたことを、ヴィトゲンシュタインが知らないはずがない。あえて、その議論をとらなかったのであろう。

＊

だが、『論理哲学論考』を書き上げて一〇年もすると、ヴィトゲンシュタインは、その議論の問題に気がついてしまう。命題「このバラは、赤い」は、世界のなかの出来事〈このバラは、赤い〉と対応している、と考えるわけには行かない。

自分が提案した写像理論にも、集合論にも、直示的定義にも見込みがない。では言葉はどのように、意味をもつのか。言語ゲームに向けた、思索の旅が始まった。

6　固有名

Q15　サブローは、ずっとサブローだった。けれどある日を境に、家族も友人も職場の同僚も、彼のことをユキダルマと呼び始めた。彼は、サブローでなく、ユキダルマになったのか。

誰にでも名前がある。固有名だ。

固有名が突然変わるのは（Q15）、悪い冗談で、ありえないように思える。でも、ないとは言えない。どういうときならありうるか、あとで種明かしをしよう。楽しみな宿題にしておく。

世界にたったひとつ

言葉と世界について考えている。

言葉の用法のうち、モノの名前（普通名詞）について、少し考えてみた。

では、個物の名前（固有名）はどうか。

＊

人間は誰もが、この世界にたったひとつの存在である。

あなた自身は、ほかの誰かで置き換えられない。あなたの大事な誰か、たとえば、夫や妻や、父母や子どもや、友人や隣人や……も、やはりかけがえがない。そのひとがそのひとであるあり方が、大事なのだ。人格と言ってもいいかもしれない。

＊

そうした大事な人間が、いなくなることがある。たとえば、死んでしまう。もう二度と会うことができない。それは悲しい。もしも誰かが、ほかの誰かで間に合うなら、こうまで悲しくはないだろう。

たったひとつの名前

置き換えがきかない大事な存在は、この世界のなかの個物である。身近な人間が、まずそうである。お互いに。

そのほかの事物（飼い犬や、特定の場所）も、同様に個物となるかもしれない。

そこで、それらの個物を、特別な名前でよぶ。名前が、置き換えがきかないように、特別な個物も、置き換えがきかない。
こうした名前が、固有名（proper noun）である。

固有名は、置き換えがきかない

あるところに、サブローがいた。サブローは、ポチという名の犬を飼っていた。サブローも、ポチも、固有名である。

＊

さて、サブロー、ポチ、という言葉は何を指しているのか。サブローはサブローを、ポチはポチを、指している。当たり前だ。でも、それはそんなに、当たり前のことか。

Q16　サブローはいつ、サブローになったのか。

サブローはいま、大人である。昔は、子どもだった。その前は、赤ん坊だった。生まれてから、サブローという名前になった。

このようにサブローは、時間のなかで、変化していく。変化するにもかかわらず、サブローはサブローである。これは不思議なことだ。

Q17　サブローは、すっかり変わってしまった。白髪になり、腰が曲がり、もの忘れがひどくなり、昔の面影がなくなった。でもずっと、サブローはサブローのまま。サブローの何が変わらないのか。

サブローはどこがサブローか

いまサブローは、メガネをかけ、すでに退職し、数年前からポチを飼っている。でも、生まれたばかりのころ、こんな性質をどれももっていなかった。

サブローは、子どものころのことを覚えている。これは何かの足しになるだろうか。これから、昔の記憶をなくしてしまうと、サブローはサブローでなくなってしまうのか。

ポチのどこがポチか

サブローは、ポチと過ごした日々をふり返ってみる。

（1）ポチは、どこかで生まれた、オス犬だ。

（2）数年前、子犬のポチを、ペットショップで購入した。
（3）ポチ、と名前をつけた。
（4）交通事故に遭って、ポチは三本足になってしまった。
（5）いまでもよく、ポチと散歩に出かける。
（6－1）

このように、ポチがいまのポチになるまでの歴史を、ポチの「確定記述」という。ポチに実際に起こったことのリストだ。確定記述は、書こうと思えばもっと詳しく書ける。

ポチの確定記述は、ほかの犬の確定記述とは違っている。

ポチの確定記述にあてはまるのは、ポチしかいない。

＊

ポチの確定記述があるように、サブローにはサブローの確定記述がある。

サブローをしる人びとがサブローだと思っているのは、サブローの確定記述の、ごく一部である（サブロー自身も、サブローの確定記述の全部はしらないだろう）。

ポチはポチの確定記述のことか

確定記述は、十分詳しければ、それがあてはまるのはポチだけになる。

でも、確定記述には、偶然もまざっている。たとえばポチは、交通事故に遭って、三本足になってしまった。では、交通事故に遭わなかったら、ポチはポチでなくなるのか。交通事故に遭わなくてもポチはポチだ。そう考えると、（6－1）の（4）と（5）の行を消してもよいことになる。ポチの確定記述は、短くなって、（1）〜（3）だけになった。

＊

それを言えば、確定記述はもっと短くなってもよい。

サブローがポチではなく、ブチと名前をつけていたら、ポチはポチでなくなるのだろうか。それは、ブチと名前をつけられたポチ、ではないか。名前がどうあれ、ポチのポチたるゆえんが変わらないだろうから。すると、ポチの確定記述から、（3）を除くことができる。

同様に考えれば、（2）も除くことができる。

では、（1）はどうか。オスに生まれなかったポチ、あるいは、そもそも犬に生まれなかったポチ、を考えるべきなのか。

サブローとはsのことなのか

ある本によると、固有名サブローが指すのは、その対象の固有性そのもの（仮にsとあらわす）だという。サブローとはそのｓのことで、それ以外の性質（メガネをかけているとか、ポチを飼っているとか……）はすべて偶然的だから、サブローと関係ないのだと。

しかし、そうしたサブローの性質をのこらず取り去った、サブローそのもの（ｓ）とはなんだろう。

サブローがサブローそのもの（ｓ）をさすのなら、ポチはポチそのもの（ｐ）をさすのか。サブローがポチだと思うさまざまなポチの性質を取り除いた、ポチそのもの（ｐ）とはなんだろう。

どんな性質も取り除いたｓと、どんな性質も取り除いたｐとは、区別がない（ｓ＝ｐ）のではないか。そんなものが、固有名そのものなのか。

可能世界

世界は実際には、ポチをめぐって、

（1）→（2）→（3）→（4）→（5）　（6－2）

のように進行した。けれども、世界が偶然に満ちているとすれば、

（1）→（2）→（3）→ 交通事故に遭わなかった →（5）　（6―3）

のように進行しても、よかったろう。さらには、

（1）→（2）→ ブチと名前がついた → ……　（6―4）

のように進行しても、よかったろう。

＊

世界がほんとうは、ただひと通りの出来事の系列のように生起するのではなくて、偶然的な並行する枝分かれの系列（その一部が、（6―2）～（6―4）であろう）のうちのひとつとして生起するのだとしよう。すると、実際の世界（6―2）に対して、それ以外の世界は「可能世界」だと言える。可能世界は、実際にはそうならなかったかもしれないが、実際にそうなってもよかった、もうひとつの世界の集まりである。

＊

哲学に、可能世界意味論、という議論がある。これは、実際の世界においてと同様、可

能世界においても、言葉が意味をもつように、言葉の意味を考えようとする。

このアプローチには、利点がある。

確定記述によって、固有名ポチの意味を決めてしまうと、(6－1)の(1)〜(5)をぜんぶ、ポチの定義にしなければならなくなる。すると、「去年、交通事故に遭った」がポチの一部になってしまい、「もしも去年、ポチが交通事故に遭わなかったら、いまごろは……」みたいなことを、考えることができなくなる。確定記述をゆるめて、偶然の要素を排除し、ポチがポチたるゆえんだけを取り出すのは、よいやり方だと言える。

＊

可能世界を考えることには、問題点もある。結局、どんな出来事も偶然になってしまって、実際の世界の出来事の内実がどんどんスカスカになってしまうことである。

犬に生まれなかったポチは、それでもポチか。人間に生まれなかったサブローは、それでもサブローか。

ポチにはpが、サブローにはsが、あると考えたらどうか。でもそんなのは、気休めではないか。

固有名の用法

この世界は、偶然に満ちている。父と母は、結婚しなかったかもしれない（つまり、自分は生まれなかったかもしれない）。自分はあの学校に入らず、この職業に就かなかったかもしれない。至るところに、さまざまな可能性が隠れている。そんな世界で、人びとが知るあのひとやこのひとの性質は、偶然のかたまりではないのか。

人間一人ひとりの個性が、置き換え不可能で際立っているのは、環境では説明できないそのひとの生まれついての素質による。また同時に、さまざまな偶然の積み重ねであるそのひとの置かれた事情による。その両方が絡まっていて、切り分けることはできない。

＊

そんななかで、固有名は、どのように用いられるか。

定理6・1　固有名を用いるのに、その確定記述をよく知っていることは、必要でも十分でもない。

時間の経過とともに、確定記述のリストはどんどん長くなる。サブローも、これから病気になり、最後に死んでしまう。もしも完成した確定記述が、その人間を過不足なく定義するのだとすれば、死ぬ前の宙ぶらりんな人生を歩んでいる誰も、そのひと本人の定義に合致しないことになるだろう。

＊

サブローは自分でも、これからの自分のことを知らない。それでも問題なく、自分をサブローだと思い、人びとは彼をサブローだと思っている。この世界に、人びとがサブローだと思う誰かが、サブローと別に存在するわけではない。このことが、サブローを、置き換えのきかない個物だとみなすのに、十分なのである。

固有名は、このような個物に対して、用いられる。

なにが固有なのか

固有名を用いるとき、人びとが知っているのは、その個物がどのように固有であるかの詳細（確定記述のたぐい）ではない。その個物が、ほかのものと置き換えがきかないことだけである。遠い親戚に、春子と秋子の姉妹がいるとして、どちらが姉で妹か、どちらがデザイナーで看護師か、よく知らなくても、その二人を固有名でよぶことにさしつかえはない。その二人は、二人の身近な人びとにとって置き換えがきかない大事な存在であることが、わかっているからだ。

定理6・2　人間は誰でも、固有名をもつ資格がある。

固有名は、人間が、尊重されるべき価値ある存在であることの、表現である。

定理6・3　人間は、固有名をもつ個物に対して、ある幅をもった個性をみている。幅のない確定記述によってみているのではない。

たとえば、真面目で律儀者と思って結婚したのに、博打で飲んだくれのダメ亭主になってしまったとか、長年の親友とひょんなことで絶交してしまったとか、ありがちではないだろうか。その前でも、その後でも、同じ固有名でよばれているはずだ。固有名はそういう具合に、柔軟な意味あいをもつのである。

*

人間はこのように、変わっていく。5分前の私は私ではない、と主張する哲学者まで出てくる。しかし、固有名があれば、固有名が持続するように、人間関係やそれにともなう責任も持続するべきだと、誰でも思う。そういう共通の了解が、この社会の前提になっている。

地名

固有名は、人間（や生き物）に与えられる。

固有名はまた、特定の場所にも与えられる。山や、川や、集落や、そのほか目印になる場所である。なぜならば、目印になる場所を名前で指し示すことが、便利だからだ。

固有名を与えられた場所は、ほかの場所と、置き換えがきかない。その意味で、かけがえがない。この点が、人間に与えられる固有名と、似ている。

学校や病院や企業や銀行や……も、固有名をもつ。似たようなものがいくつもあり、互いに区別することが有用だからだ。

＊

ある場所は、昔から、ずっとある名前で呼ばれてきた。昔から呼ばれてきたから、その名前で呼ぶ。富士山。でも噴火で、もうひとつ山ができた。としたら、その新しい山に、新しい名前をつけて、よび始めるだろう。

新しい駅ができた。「ひばりが丘」と名前をつけた。その場所はひばりが丘になった。新しい首都ができた。江戸をやめて、東京にした。

ときどき命名によって、新しい地名が与えられる。人間が生まれる場合と似ている。

サブローはユキダルマか

サブローは、サブローという名だ。生まれたときに、名前がつけられた。直示的定義のようだ。この子どもを、サブローという。以来、サブローはサブローになった。

社会によっては、名前がときどき変わる。大人になると、新しい名前が与えられる場合(成人名)。格式のある名前を再利用する場合(襲名)。

あだ名がつけられる場合。あだ名は、本人を記述する普通名詞や形容詞が、固有名と並んで使われる場合だ。

＊

ネイティブ・アメリカンには、あだ名を固有名のように用いる部族があった。映画『ダンス・ウィズ・ウルブズ』で主人公は、オオカミと戯れるところを目撃され、「狼と踊る」という固有名でよばれた。

サブローは雪の日にすもうを取って、雪だらけになった。だから、ユキダルマと呼ばれた。ユキダルマがそのまま、サブローに替わって固有名になっても、おかしくない。

7 ゲームとルール

Q18 イスという言葉は、なぜ「椅子」を指すことができるのか。定義があるからか。命名したからか。そもそもある言葉は、なぜある意味をもつことができるのか。

この疑問こそ、本書のポイントである。そして人間が、言葉でものを考えられるのはなぜか、の核心である。

宇宙人に、失われるだろう人類文明のなかみを伝えられるかどうかは、この疑問にかかっている。

ヴィトゲンシュタインは、この疑問に、明確な答えを与えた。人類はじめてのことだ。彼のほか、まだ誰も、これを上回る正解を与えていない。

＊

Q18に答えるのが、言語ゲームの考え方である。以下、この考え方を追いかけていく。

定義では、なぜダメなのか

まず、よくある考え方ではなぜダメか、説明しておこう。

よくある考え方。イスの意味がはっきりしないなら、定義すればいいではないか。

＊

自然科学の訓練を受けたひとは、定義を信頼する。物理学であれ、化学であれ、大事な概念はみんな定義が与えられる。

自然科学では、当たり前なことがいくつかある。科学者がいること。実験室や観測機器があること。科学者がネイチャーやサイエンスに論文を書くと、ほかの科学者に意味が伝わること。当たり前すぎて、意識されないほどだ。

こういう前提に立つと、安心して、質量や加速度を定義できる。

＊

自然科学者が、椅子を与えられたら、どうするか。

その椅子の寸法を測ったり、材質を吟味したりするだろう。

だがそれは、その椅子がなぜイスと呼ばれるのかということと、何の関係もない。

問題になっているのは、イスという言葉で呼ばれるところの、椅子とはなにかという、観念（あたまの中身）の問題なのである。

椅子とはなにか

椅子とはなにか。こういう問題を扱うのは、哲学だ。哲学には、当たり前の前提となっていることなど、ほぼない。哲学者がいる。ほんとうか。文章を書けば、意味が伝わる。それはなぜか。だから哲学では、椅子とはなにか、イスと言えばなぜ椅子を指すのか、が大問題になる。それが、すべての言語のはたらきの基礎だからだ。

＊

結論として、つぎの定理が成り立つのだった。

定理７・１　イスという言葉がなぜ椅子を指すことができるのか、それを定義によって示すことはできない。

第５章に、証明の考え方のあらましを書いておいた。

石工と助手

ヴィトゲンシュタインが、言語ゲームについてのべている有名な箇所がある。「石工とその助手」の言語ゲームである。『哲学探究』のごく最初に出てくる。せっかくだから、その部分をまるごと訳しておく。

意味という、哲学の概念。それは、言語が機能する場合の技術や方法についての、つぎのような原始的なイメージに、みてとれる。これは、われわれの言語よりも、ずっと原始的な言語についてのイメージになっている。

アウグスティヌスの説明があてはまる、つぎのような言語を考えてみよう。石工Aと助手Bのコミュニケーションのための言語である。Aは石材を用いて建築する。（石材には）ブロック、円柱、板、角柱、がある。Bは石材を、Aに渡さなければならない。それも、Aが必要な順番に。そこで二人は、「ブロック」「円柱」「板」「角柱」の言葉からなる言語を用いる。Aがそうした言葉を叫ぶと、Bは、そう言われたら運ぶように覚えた石材を運んでいく。これは、完全な原始的言語である、と考えてみよう。

（『哲学探究』第２節）

ここで、「アウグスティヌスの説明」とは、直前の第1節で紹介されている『告白』の議論のこと。人びとが「机」「椅子」「パン」などと話しているのを聞いているうちに、その意味がわかった、という説明をさしている。

＊

言語ゲームは、『哲学探究』のいちばん大事なトピックである。第2節にいきなり、石工と助手の言語ゲームをあげている。ヴィトゲンシュタインがこの例を、特別に重視していることがわかる。

『哲学探究』の最初に出てくるから、誰でも読むはずだが、たいてい読みとばしてしまう。私もこの例が重要だと思うようになったのは、最初に読んでから一〇年以上経ってからだ。

イスは「椅子」を指す

石工と助手の原始的な言語の話に続けて、子どもに言葉を教える話や、私が「板」と命じられる話が続く。石工と助手に加えて、第三者がいて、この原始的な言語を学ぶことを含めて、言語ゲームなのである。

そこで、石工と助手の言語ゲームを少し変えて、イスという言葉が「椅子」を指すことを、どうやって教えるか、という場面を考えてみる。

*

ふたりがいる。ひとりは、イスという言葉の意味をわかっている。もうひとりは、イスという言葉の意味がわからない（わかっているのが地球人で、わかっていないのが宇宙人、かもしれない）。とにかく、教えるひと（教師）／教わるひと（生徒）、の組み合わせである。

教師は、イスという言葉を教えるのに、椅子の実物を持ってくる。これも椅子、これも椅子。こんな感じだ。

（7－1）

実物を持ち出すのは、直示的定義（第5章）と似ている。ただ、直示的定義は、椅子が1個だけだったこと。今回、教師は、椅子をいくつももってくる。

*

最初の椅子をもってくる。これがイスです。生徒は、？と思う。

2番目の椅子をもってくる。これもイスです。生徒は、？？と思う。

3番目の椅子をもってくる。これもイスです。生徒は、？？？と思う。生徒は、最初の椅子と2番目の椅子を見比べる。2番目の椅子と3番目の椅子を見比べる……。見比べているうちに、なんとなーくわかってくる。なるほど、こういうことかも……。うん、そうそう……。そうか、やっぱり。そして思う、間違いない。「わかった！」

＊

椅子がなんなのか、わかった。イスという言葉の意味が、わかった。モヤが晴れて、すっきりした。いくつも運ばれてきた実物が、どんなルール（規則）に従っているのかわかった。

ルール（規則）がわかったのだから、もう実例は不要。自分でもその先を続けられる。椅子と椅子でないものの、区別ができる。イスという言葉を正しく使える！

この「わかった！」を通して、生徒はルールを理解する。ルールを理解すれば、生徒は教師と対等。今度は誰かに対して教師になれる。

言語ゲームはこうやって、人びとのあいだを拡がっていくのである。

ルールは言葉にできるのか

イスという言葉の意味を教えるのに、なぜ、椅子の実物をいくつももって来るのか。言葉の使い方（ルール）を説明すればいいではないか。

――ここが、言語ゲームの急所である。

＊

ルールを「わかる」ことが根本である。ルールを説明することは枝葉である。

いま、言葉の意味を教えている。その意味を教えるのに、言葉を使ったとする。今度はその言葉の意味を教えなければならなくなる。これは、終わりがない。言葉の意味は、言葉によらないで、教えなければならない。

直示的定義でも、集合でもなく

イスという言葉を教えるのに、椅子をひとつもってくる（直示的定義）のではない。椅子の全部（集合）を指定するのでもない。いくつかの椅子を実例（サンプル）としてもってくる。あとは、「……以下同様」で大丈夫。これで「わかる」ことが、言語の本質だ。

＊

子どもが言葉を話せるようになるのを、考えてみればよい。おとなが言葉を話しているのを、ただ聞いている。そのうち、カタコトを話せるようになる。返事もできるようになる。気がつけば、話せるようになっている。

子どもは、言葉のルール（文法）を説明してもらって、言葉を話せるようになるわけではない。そもそも、言葉で説明してもらっても、説明が理解できない。実例によってイスという言葉の意味がわかるシーン（7−1）は、子どもが言葉がわかるようになるプロセスを単純なモデルに置き換えたものだ。

まとめると、つぎの定理になる。

定理7・2　言語ゲームのルールは、有限の実例によってわかる。

定理7・3　言語ゲームは、ルールを説明してもらってわかるのではない。

何が椅子で、何が椅子でないか。そこには決まり（ルール）がある。どんな言語ゲームにも、ルール（規則）がある。ルールは、わかるかわからないか、どちらかである。実物のサンプルをみて、ルールがわかるようになる。ルールがわかれば、その言語ゲームを続けられる。

言葉の不思議

言葉は不思議だ。

イスという言葉は、いわゆる普通名詞である。この世界にある、椅子という椅子を指すことができる。イスという言葉がわかったひとは、つぎのように考えるはずだ。

（1）この世界のモノは、椅子であるか、椅子でないか、どちらかである。

（2）自分は、それを識別できる。

（3）イスという言葉は、すべての椅子をよぶことができる。すべての椅子でないものは、よぶことができない。

この世界に、どれだけの椅子があるのか、見当もつかない。その、ほんの一部をみたことがあるだけなのに、（1）〜（3）のように思う。不思議なことではないだろうか。

これが、普通名詞というものである。

＊

宇宙人も、言語をもっているだろう。宇宙人の言語にもたぶん、普通名詞がそなわっているだろう。宇宙人が、椅子を使うのかどうか、わからない。けれども、XXというモノを使うならば、それについてやはり、（1）〜（3）のように考えるはずだ。

有限の、ごく少数のXXの実例から、（1）〜（3）のように考えることができる。不思議ではないか。でも、これが知能の本質なのだ。

有限とはどれぐらいか

有限の実例によって、ルールを示すことができる。これが、言語ゲームの大事なポイントである。

有限（finite）とは、どれぐらいの数のことか。

*

有限は、この場合、ひとつではない。直示的定義では、実物はひとつだった。そのため不都合が生じてしまった。
では、いくつあれば十分か。かなり少なくてよい。実例を見渡して、ルールがわかればよいのだから。
数学で有限というと、無限（infinite）でないという意味である。途方もなく巨大な数もみな、有限である。ここで有限とは、そういう意味ではないことに注意しよう。

ルールのパラドックス

言語ゲームは、規則（ルール）に従ったふるまい、のことである。

ここに、パラドックスが隠れている。

規則（ルール）は、有限の実例から学ばれる。有限（と言っても、ごく少数）の事例からでないと、時間がかかりすぎて、学ぶことができない。

いっぽう規則（ルール）は、数多くの、際限のない事例にあてはまる。理念的で普遍的な性質をもっている。

なぜごくわずかの有限な事例から、規則のような、理念的で普遍的なものが導き出せるのか。

＊

カラスについて学ぶところを考えよう。

カラスの実物をみて、カラスとは何かを学ぶ。このカラス。あのカラス……。よし、わかった！　カラスは黒い。なぜなら、これまでみたカラスはすべて黒かったから。

これが帰納的推論だとすると、誤る可能性がある。いままでみたカラスがたまたま全部黒かっただけで、つぎは白いカラスが現れるかもしれないのだ。

この留保は正しい。

だが、そうだとすると、ごく少数のカラスの実例をみただけでは、カラスについて何も学べないことになってしまう。規則（ルール）を学ぶことは、帰納的推論と似ていても、違ったメカニズムなのだ。ではそれは、何なのか。
章を改めて、考えてみよう。

8　数列とルール

Q19　ある星に宇宙人がいた。地球人とはまったく違った身体をもち、まったく違った感覚器官をもっている。そして、知性があって、数を理解する。彼らの数学と、地球人の数学は、似ているだろうか。

この疑問は、数というものの本質に関わる。

地球人の数学は、自然数に始まり、四則演算、分数、小数、有理数、実数、複素数……と続く。方程式、関数、微分、積分……と発展する。二次曲線や三角関数や対数や行列や……も加わった。このうち、どれだけが、宇宙人の数学と共通するだろうか。

十進法は、地球人に独自かもしれない。指が十本だから。けれどもそれ以外の、数の秩序の骨格の部分は、宇宙人にも共通するような気がする。それ以外の数のどんな秩序がありうるか、思い浮かべるのがむずかしい。

ということは、数学の定理のかなりの部分は、共通しているのではないだろうか。

数列とそのルール

有限の実例から、ルールがわかる。言語ゲームの大事なポイントだった。

このことを、いちばん端的に示すモデルはと言えば、数列だろう。

数列は、いくつかの数が順に、規則（ルール）に従って並んだもの。そのルールがわかれば、数列の先を、どこまでも続けていくことができる。

＊

数列の簡単な例は、つぎのようである。

2、4、6、8、10、12……　（8－1）

2の倍数が並んでいる。……（以下、同様）の部分は、どう続くのか。12のつぎは14、14のつぎは16。誰にきいても、こう答えるだろう。

なぜ、14、16と、書いてないのにわかるのか。数列のはじめの部分をみると、自然にわかるのだ。

＊

この数列の規則（ルール）を、明示的に書いてしまえばいいのではないか。一般項（第n項）を、2nと書けばよい。ルールの記述である。

しかし、ルールを記述することは、実はできない。ルールを記述してみると、

2、4、6、8、10、12……、2n……（n＝1……、n……）　（8－2）

となるだろう。問題は、（n＝1……、n……）の部分である。これは、

1、2、3、4、5、6……　（8－3）

のこと。すなわち、もうひとつの数列（8－3）である。この数列の、6のつぎが7、7のつぎが8……なのは自明だと。だが、自明だと言い張るなら、（8－2）も同様に自明ではないのか。

＊

数列のルールは、もっとも簡単な（8－3）の場合でさえ、書き出すことはできない。（8－3）の数の列をながめて、「わかる」しかない。数列は無限に続く。どんな数列もす

べてを書き出すことはできない。必ず途中で途切れる。その先が「わかる」ことが、ルールの根本なのである。

ルールはどこにある

もう一度、さきほどの数列に戻ろう。

2、4、6、8、10、12……　（8－1）→（8－4）

この数列は、数字が規則的に並んでいる。誰かが、数字を規則的に並べたのである。だから、数字の並びに、規則（ルール）がある。

規則（ルール）は、どこにあるのか。

＊

規則（ルール）は、2のなかにない。2、4のなかにない。2、4、6のなかにない。数列のはじめの短すぎる部分にはない。それらは、個々の数の並びである。

数列が、2、4、6、8、10、12まで伸びてくると、そこに規則（ルール）を見て取ることが可能になる。ただし、注意しなければならない。2、4、6、8、10、12は、やはり個々の数の並びである。それは、規則（ルール）ではない。ルールは、そこにプラス・アルファのものとして、「見て取」られるのである。

「見て取」られたルールが、「……」として示されている。「以下同様」。この数の並びを、どこまでも続けて行けることを表している。

ここは、微妙なことを言っている。わかるだろうか。

まとめておこう。

定理8・1　数列の規則（ルール）は、個々の数字の並びそのものではない。個々の数字の並びによって、表される。個々の数字の並びに続く、「……」（以下同様）がそれである。

数列の規則（ルール）は、個々の数字の並びによって、書き尽くされることはない。数字の並びが途中で途切れていて、しかもそれが、数列のおしまいでない、ことが、数列の規則（ルール）である。

＊

前章（第7章）で、椅子の実物をいくつか並べて、イスの意味を表す例（7－1）をみた。

その例も、同様の定理に書くことができる。

定理8・2　イスの意味は、個々の椅子の並びそのものではない。個々の椅子の並びによって、表される。個々の椅子の並びに続く、「……」（以下同様）がそれである。

イスという言葉の意味は、個物（個々の椅子）の並びによって、書き尽くされることはない。個物（個々の椅子）の並びが途中で途切れていて、しかもそれが、椅子の並びのおしまいでない、ことが、イスの意味を表す。

ルールは抽象的である

ルールは、自然現象ではない。自然のなかにはない。

自然は、具体的な事物や出来事からできている。事物や出来事は、自然法則に支配されている。

ルールは、個々の事物や出来事のなかにはない。事物と事物、出来事と出来事のあいだにある。その意味で、ルールは抽象的である。

＊

言語ゲームとは、人びとのふるまいの一致である。

ふるまいの一致とは、一連の行為（出来事）が、一貫していること。行為（出来事）と行為（出来事）の整合性のことである。

そのようにふるまう人びとは、規則（ルール）に従っている。

ルールは内面ではない

ルールは、人びとのふるまいとふるまいのあいだにある。ふるまいは、身体の動作である。外からみることができる。個々の数字や、個々の椅子のように。

だから、ルールは、人間の頭のなかにあるのではない。ルールについての認識でも、ルールに従っているという感覚でも、信念でもない。

実際、ヴィトゲンシュタインは、つぎのような意味のことをのべている。

定理8・3　ルールに従っていることと、ルールに従っていると思っていることとは、違う。

自分がルールに従っているなら、ルールに従っていると思うのではなかろうか。この定理も、微妙なことを言っている。どういうことだろう。

＊

偶数の数列（8－1）を再び、例にしよう。これは、誰かが途中まで数字を書いて中断した数列だとする。そこにルールがあるのかどうか。ルールはある。それは、数と数のあいだにある。数はそこに並んで、ある。ならば、ルールは「そこに」ある、と考えなければならない。ルールは、あるかないかのどちらかで、客観的なものなのだ。

いっぽう、ルールに従っている、と思うのは、人間の感覚である。感覚は、誰かの頭のなかの状態である。めいめいの頭のなかみは、比較することができない。一致するかどうかも言えない。だから、ルールそのものではない。

定理はどこにある

これとよく似たものとして、数学の定理を考えてみよう。

あなたが、数学の、ピタゴラスの定理（三平方の定理）を学んでいる。定理の証明を、追いかけている。一行、一行確認していき、最後の行にたどりついた。証明終わり。

あなたはこの証明を、自分が考えついたと思うだろうか。いや、教科書に載っている、誰かの証明を追いかけただけだ、と思うだろう。

あなたは定理を理解できた。でもその証明は、やり方を追いかけただけだ。ピタゴラスの定理は、どこにあるのか。あなたの頭の中か。それとも、あなたの頭の外のどこかか。あなたの頭の外にあるのではないか。

＊

定理は、数列の規則（ルール）のようなものである。誰にとっても、それは自分の外にある。なぜなら、ルールは、人びとのあいだにあるものだから。人びとのふるまいにまたがって、客観的にそこにあるものだから。

ふるまいの一致

ヴィトゲンシュタインは、言語ゲームを、人びとの「ふるまいの一致」と言った。考え（思想、観念、概念）の一致、とは言わなかった。ふるまいは、身体の動きである。行為である。外側から観察できる（考えは、観察できない）。

ふるまいが一致するだけで、言語ゲームは成立する。——これは、言語と社会についてのとても重要な洞察を含んでいる。

＊

言語はどのようにできあがっているか。社会はどのようにできあがっているか。

ふるまいの一致によってできあがっている。ルールによってできあがっている。言語ゲームによってできあがっている。だから、人びとは、互いに宇宙人と地球人のように内面が通じなくても、共に生きていくことができる。

言語ゲームが社会である

数の秩序は、どこにある。人びとの頭のなかにはない。人びとのふるまいの一致（言語ゲーム）なのだから。数の秩序は、人びとともに、社会のなかにある。

言葉の意味は、どこにある。人びとの頭のなかにはない。人びとのふるまいの一致（言語ゲーム）なのだから。言葉の意味（たとえば、イスの意味）は、人びとともに、社会のなかにある。

＊

人びとは順に、社会のなかにやってきた。新生児として。あるいは宇宙人として。はじめは傍観者だ。それがだんだん、社会の当事者になる。言葉がわかるようになる。数がわかるようになる。ルールがわかるようになる。そうやって、社会ゲームの一員として生き始める。

人びとは誰でも、石工と助手の言語ゲームにたまたま通りかかって巻き込まれた、第三者だ。石工と助手の言語ゲームは、2人4語ゲーム。社会は、N人m語ゲーム。言語ゲームであるところはおんなじだ。

社会はいつ始まった

このようであるとすると、人間は、誰もがかならず、社会に途中から参加する。では、社会そのものは、いつ始まったのだろう。

Q20 社会という名の言語ゲームは、いつどのように始まったのか。そして、いつどのように終わるのだろうか。

社会の始まりは、いつまでさかのぼっても、たどり切れない。どのように始まったのかわからない。いつか、ある時点で始まったのかもしれない。けれども、社会を営むのが精一杯で、それを報告して伝えるすべがなかった。

社会も、いつか終わるのだろう。けれどもそれは、予測できない。かりに社会が終わったとしても、誰も、それを観察して報告することはできない。

つまり、つぎの定理が成り立たないだろうか。

定理8・4　社会ゲームがどのように始まったか、また終わるのか、誰も有意味に語ることができない。

ゲームを抜ける

社会が言語ゲームの渦巻きであるとする。では、言語ゲームと言語ゲームはどういう関係にあるのか。

これは大きな問いだ。

＊

もう始まっているどれかのゲームに参加する。これはできる。参加してもいいよ、と許してもらえるなら。

いまやっているゲームを抜けて、やめる。これもできる。抜けてもいいよ、と許してもらえるなら。

同時にいくつものゲームに参加する。これもできる。それはいけないよ、と言われなければ。

参加していたメンバーがみな抜けて誰もいなくなったゲームは、消滅する。これもよくある。また誰かが言い出して、再開しない限り。

誰でも、たいていの言語ゲームから抜けることができる。けれども、すべての言語ゲームから抜けることはできない。言語ゲームに参加し、ルールに従ってふるまうことは、人間として生きることそのものだから。それをやめない限り、言語ゲームの外に出ることはできない。よって、つぎのように言えるだろう。

＊

定理8・5　人間は、どれかの言語ゲームを抜けることはできる。しかし、すべての言語ゲームを抜けて、その外に出ることはできない。

ルールをでっち上げる

言語ゲームとそのルールは、同じメダルの表裏の関係である。ルールがあるから、言語ゲームが成立する。けれども、子どもが遊んでいるときなどのように、まず言語ゲームを始めて、やりながらルール（規則）をでっちあげることもあるかもしれない。

まず建国し、憲法をつくって、問題があるたびに修正条項を追加していく共和国。

まず結婚し、生活を始めて、状況に応じて家事の分担を決めたりする夫婦。

まずメートル原器をつくって始めたのに、もっと正確になるため、結晶の振動波を規準にすることにしたメートル法。

＊

言語ゲームは、機械のように固定したものではなくて、当事者がルールを別のものに作り替えていく可能性がある。

言語ゲームがこのように柔軟だから、専制国家が民主制に変わったり、民主国家が独裁制に変わったりするのだろうか。この点は、人びとの自由な議論に開かれている。

郵便はがき

料金受取人払郵便

小石川局承認

1107

差出有効期間
2024年7月9
日まで

112-8731

東京都文京区音羽二丁目
十二番二十一号

講談社　学芸部

現代新書　行

愛読者カード

あなたと現代新書を結ぶ通信欄として活用していきたいと存じます。ご記入のうえご投函くださいますようお願いいたします。

(フリガナ)
ご住所　〒□□□-□□□□

(フリガナ)
お名前

生年(年齢)
(　　歳)

電話番号

性別　1男性　2女性

メールアドレス

ご職業

★**現代新書**の解説目録を用意しております。ご希望の方に進呈いたします（送料無料）。

1希望する　　2希望しない

TY 000043-2205

この本の タイトル	

本書をどこでお知りになりましたか。

1 新聞広告で　2 雑誌広告で　3 書評で　4 実物を見て　5 人にすすめられて
6 新書目録で　7 車内広告で　8 ネット検索で　9 その他（　　　　　　　　　　　）
＊お買い上げ書店名（　　　　　　　　　　　　　　　　　　　　　　　　　　　　）

本書、または現代新書についてのご意見、ご感想をお聞かせください。

最近お読みになっておもしろかった本（特に新書）をお教えください。

どんな分野の本をお読みになりたいか、お聞かせください。

★下記ＵＲＬで、現代新書の新刊情報、話題の本などがご覧いただけます。
gendai.ismedia.jp/gendai-shinsho

9　偶然と自由と可能世界

少し角度を変えて、自由について、考えてみよう。

Q21　人間には、行動の自由があるのだろうか。行動の自由があって、自由に世界をつくり変えているのだろうか。

世界は必然である

まず、自然科学にとって、世界は必然でできている。

ニュートンが出てきて、物体の運動を説明した。物体と物体のあいだにどんな力が働くか。それを方程式で表すことができる。それを解くと、放物線や楕円になる。初期条件（角度や初速）を決めると、そのあとの軌道が計算できる。ニュートン力学だ。

ニュートン力学は、人びとに深い印象を残した。そうか、世界は機械的にできているのだ。「ある瞬間で、すべての物質や原子がどこにあって、どういう力で結ばれているかわかったとする。たとえば、連立微分方程式が書けた。すると、それを解析できるなら、この世界に不確実なことは何もなく、未来が完全に見通せるだろう」こう考える「ラプラスの悪魔」のアイデアも現れた。

＊

世界はモノでできている。自然科学はモノしか扱わない。モノには自由意思がない。だから自然法則によって、きちんと説明できる。自然科学者は、だいたいこう考える。

生き物はどうか。生き物も、モノである。生命があって、獲物をとらえようとか、危険を逃れようとかする。意思があるようにみえる。しかし生物は、本能に従っているので、自由ではない。進化の法則に従っている。バクテリアなどはばらばらに動いているようにみえる。だが、ミルクとコーヒーを混ぜるとミルクコーヒーになるのと同じで、数が集まると全体としての法則から逃れることはできないのだ。

＊

自然科学者には、人間の自由が視野に入ってこない。人間は自由かもしれないが、自分の仕事の範囲外だと思っている。

人間は自由である

さて、ふつうの人間は、自分は自由だと思っている。現に毎日、自由に生きている。

社会の制度も、そうなっている。職業選択の自由。結婚の自由。居住の自由。契約の自由。刑法は、刑事責任を追及する。本人は、犯罪を犯さないこともできたのに、犯罪を犯した。自由だから、罰を科すことができるのだ。

＊

サブローは、ポチを飼った。飼わないこともできた。ポチを飼わなければ、この世界はサブローがポチを飼わない、もうひとつの可能世界になった。その可能世界でも、サブローはサブローで、毎日太陽が昇り、人びとはふつうに生きている。可能世界は、現実世界と並行するもうひとつの世界である。

可能世界は、哲学ではよく議論になる。ＳＦでおなじみでもある。

＊

でも、可能世界の考え方は、どこか変だ。

人びとがなにか自由に行動するたび、現実世界のほかに、可能世界が生まれる。自由とは、複数の選択肢のどれかをとることだからだ。レストランでなにか注文するたび、メニューの数だけの可能世界が出現する。それを誰もがやるとすれば、無数の可能世界でぎっしりになってしまう。どこにそれだけの可能世界が収まっているのか。

可能世界など、端的に、存在しないのではないか。

人間は自由でない

可能世界を考えないですむ方法は、人間は自由でない、と考えることだ。

キリスト教には、こういう考えがある。

キリスト教と言ってもいろいろ幅があるが、プロテスタントの、カルヴァン派風の考え方を紹介しよう。

*

神はこの世界を造った。人間も造った。造ったあとでも、ずっと世界を支配している。いまも刻々だ。神は全知全能である。なんでも知っており、なんでもできる。神の意思に反する出来事は一切、この世界では起こらない。つまり、この世界は、ただひとつしかない。可能世界など存在しない。自由なのは神だけで、人間には自由がないからだ。

それにしては、人間は自分が自由だと思っているようだが。

それは、錯覚である。神は、人間がなにをどう考え、どう行動するか、知っており、支配している。だから、人間に自由などない。とくに人間は、その本性において罪深く、神に背くようにできている。人間に自由がもしあるとすれば、それは神に背く自由であり、罪の原因である。

最後の審判のときに、救われるか否か。それも、あらかじめ決まっている。このようにこの世界は、神の意思によってあらかじめすみずみまで決定されている、というのが救済予定説だ。世界は、神の計画によって進行する。世界は必然でできている。

＊

この考えによれば、人間には、厳密な意味で自由がない。自由がなくて犯罪を犯し、処罰されるのは理不尽な気がする。しかしそれも神の計画なのだと、受け入れなければならない。

人間が自由でないとすれば、可能世界など、哲学者が考える多くの問題は、問題にならない。

『論理哲学論考』の世界

では、ヴィトゲンシュタインは、この問題をどう考えたのか。

前期（『論理哲学論考』）と、後期（『哲学探究』）では、だいぶ違っている。

＊

前期の考えを、キリスト教と関連づければどうか。ヴィトゲンシュタインは、第一次世界大戦の前線でトルストイの『要約福音書』を持ち歩き、「福音書の男」と言われた。『論理哲学論考』の冒頭は、有名なつぎの一行で始まる。

1　Die Welt ist alles, was der Fall ist.
1　世界は、かくあることのすべてである。（9－1）

「かくある」とは、実際にそういう事態が生ずるということ。どういう事態とどういう事態が生ずるのかは、もう決まっている、と読める。それ以外の事態は、生じない。生じる事態に言及する命題は、真。生じない事態に言及する命題は、偽。この原理のうえに哲学を立て直そうというのが、前期のヴィトゲンシュタインのアイデアだった。（9－1）をよく考えてみると、完全な決定論である。「神の計画」とほぼ同じだ。現実世界は、必然的にこうと決まっており、人間の自由はそこにはない。すべてが必然だから、偶然もない。

＊

自分はどこに存在するのか。自分は自由な主体で、自由に行動するのではないのか。

ふしぎなことに、『論理哲学論考』のなかに自分は登場しない。のべられているのは、可能なあらゆる命題が、世界（生ずる事態の全体）とどう対応するかということ。自分がそのあらゆる命題を、見通しているようなのだが、その自分は、この世界のなかにはいないようである。もちろん、ほかの人間もいない。

これでは、自由の問題を論じようがない。

『哲学探究』の世界

後期の『哲学探究』の世界は、これとまったく対照的である。

さきに紹介した「石工と助手のゲーム」を考えてみただけでも、明らかだ。石工と助手の、二人の人間が登場する。彼らのやりとりを考察する。この二人だけではなくて、教師と子どもや、もっとさまざまな場面が考えられているのがわかる。命題ではなくて、社会を生きる具体的な人間のふるまいが、問題になっている。

＊

では、人間に自由はあるのか。

自由はある、と考えていると思う。人びとは言語ゲームを営んでいる。人びとは、規則

（ルール）に従ったふるまいをしているからである。

規則（ルール）には、従うことも従わないこともできる。それは、事前に決まっていない。そのつど、一人ひとりがふるまいによって、そのどちらかを実現する。ならば、規則（ルール）に従うことができる人間は、自由があるに決まっているではないか。しかも人びとは、規則（ルール）を、ゲームをやりながらでっち上げることさえ、できるのだ。

＊

では、人びとに自由があるのだとすれば、この世界は必然的にひと通りではなく、不確定なのか。人びとが自由にふるまうたびに、いくつもの可能世界が立ち現れるのか。ヴィトゲンシュタインは、可能世界を考えていないと思う。現実世界は、ただひと通りだと考えているようだ。

人びとが自由にふるまういっぽう、現実世界はただひと通りに存在する。どういう理屈で、そのように考えられるのか。

自然科学と偶然

ここで話を、自然科学にいったん戻そう。

自然科学も、機械論的決定論の一本槍ではなく、偶然を織り込んだ議論をする。量子力学もそうである。ビッグバンのときにすべてが決まるわけではなく、わずかなゆらぎによって宇宙の配置が変化する、という議論もそうである。偶然をはさむたびに、異なった可能世界が、現実世界と並行にいちいち立ち現れると考える理由はない。

必然と偶然とを織りまぜながら、ひと通りの現実世界が実現する。これが、特権的な唯一の現実である。それ以外の可能世界が存在する、と考えなくてもよい。

規則（ルール）と自由

自由な人びとが営む社会は、どうなっているか。

自由と、規則（ルール）に従うこととは、矛盾しない。いや、自由であることは、規則（ルール）に従うことの、前提である。自由であるから、規則（ルール）に従い、言語ゲームを営むことができるのだ。

言語ゲームは、人びとの自由なふるまいが、規則（ルール）に合致して織り上げられる秩序である。その自由は、現実世界と並行して、いくつもの可能世界をうむと考えなくてよい。

＊

あるいは、こう考えてもよい。

将棋の棋譜を考えよう。実際の試合で、双方の棋士が自由に手を指しあった結果、実際の一局がうまれる。これが、実現した現実世界である。そのいちいちの局面で、裏に「変化」がある。指されなかった手にひき続く応酬である。だがその変化は、さらに複雑に枝分かれし、茫洋とした雲のなかに消えていく。終局に至る実際の指し手の応酬を記録する棋譜（現実世界）と、比較にならない影のような可能性なのだ。

実際の社会では、人びとの相互行為により、ただひとつの現実が織り上げられていく。そのいちいちの局面で、「変化」がありうる。こうしていたら。ああしていたら。それらは、考えることができるだけで、現実の一部ではない。社会を生きる人びとは、実際に生起しているただひとつの現実世界を前提に、考え、行為し、その続きを構成する。

＊

リンカーンが暗殺されなかったら。ヒトラーが戦争を始めなかったら。それらは十分にありえた現実世界の枝分かれである。けれどもそれは、現実ではない。したがって、人びとは、その枝分かれの可能性に注目せず、その可能性自体が忘れられていく。可能世界が、現実世界と並行するもうひとつの世界として存在する、と考える理由はない。

定理9・1　人間が自由にふるまうことと、規則（ルール）に従うこととは、同じことがら

の両面である（矛盾しない）。

定理9・2　現実世界のほかに、それと並行する可能世界が存在すると考える理由はない。

10 感覚と内面

名詞について考えてみた。固有名詞、普通名詞についてである。つぎに、形容詞について考えよう。

Q22 タローは、自分が痛いときに「痛い」と言う。ジローが、「痛い」と言った。そこでタローは言う。「ジローが「痛い」と言ったが、自分は痛くない。ジローは「痛い」と言う資格がない」 タローの言うことは正しいか。

形容詞は、出来事のあり方について記述する。いくつかの形容詞は、人びとの内面のあり方や感覚についてのべる。

「大きい／小さい」

サブローは、「あの石は大きい」「この石は小さい」などと言う。

「大きい／小さい」は、外界の事物（石）についてのべている。サブローが「あの石は大きい」と言ったとき、ハナコは、「大きいね」とか「小さいよ」とか返事をすることができる。

サブローが、大きいものを「小さい」と言い、小さいものを「大きい」と言うことはない。ハナコも、大きいものを「小さい」と言い、小さいものを「大きい」と言うことはない。この意味で、サブローとハナコの言葉の用法は、一致している。

「大きい／小さい」のほか、「高い／低い」「熱い／冷たい」「明るい／暗い」「速い／遅い」なども、同様である。

定理10・1　外界の出来事の度合いについて、めいめいの感じ方を表す形容詞の用法は、人びとのあいだで、おおむね一致する。

「赤い／青い」

色彩を表す形容詞は、外界の事物についての、度合いではなく、性質についてのべる。

そのため、つぎのようなことを考えることができる。

Q23　AさんとBさんがいた。Aさんには、空が青く見え、リンゴが赤く見える。Bさんには、空が赤く見え、リンゴが青く見える。Aさんは、空を見て「青いね」と言い、Bさんは「うん、青いね」と答える。Aさんは、リンゴを見て「赤いね」と言い、Bさんは「うん、赤いね」と答える。二人の言葉の使い方は一致している。AさんとBさんは、互いに青と赤の見え方が反対であることを、気づくだろうか。

この疑問は、「逆スペクトルの懐疑」として有名である。

この懐疑は、設定がわざとらしくみえて、そんなまさかと最初は思う。でもじっくり考えてみると、奥行きのある懐疑だとわかってくる。

＊

「赤い／青い」は、外界の事物の客観的な性質のことなのか。

赤や青を、光線の波長として定義することはできる。しかしその光線の見え方（空のあの青々とした青さ、リンゴのあの赤々とした赤さ）は、内面の感覚であり、主観的なものである。

それを取り出して、比較することはできない。

だから、AさんとBさんの色の見え方が、反対であるとか、同じであるとか、言うことが本来できない。
Q23の疑問については、「見え方が、反対であるとか同じであるとか、言うことができない」と考えるのが正しい。第三者がそれを検証する手続きが、存在しない。

＊

のではあるが、「赤い／青い」という形容詞を使っている人びとは、自分に赤く見えるから、その感覚のことを「赤い」というのだと感じる。目の前にあるモノは、誰が見ても赤いはずだ、と思う。
「赤い／青い」という言葉の用法（ふるまい）が人びとのあいだで一致しているので、人びとは、内面の感覚も一致していると信じる。

定理10・2　AさんとBさんが、空を見て「青い」と言い、リンゴを見て「赤い」と言うとしても、二人が、赤と青の同じ色の感覚を持っているとは言えない（違った色の感覚を持っているとも言えない）。

色見本
「赤い／青い」は、感覚そのものを表す言葉ではないという。ではそれは、どういう言葉なのか。
感覚と無関係に「赤い／青い」という色の形容詞を用いるために提案されているのが、「色見本」である。

Q24 絵の具を塗った色見本のカードが、リンゴと同じ色である。そこでそれを、「赤い」と定義する。以後、この色見本のカードと同じ色のものを、「赤い」とよぶことにする。このやり方で、さまざまな色を表す言葉の用法を、正しくできるだろうか。

色見本は、椅子を指してイスの意味を決めた、直示的定義と似た考え方だ。ただし色なので、何を定義しているかははっきりしている。

＊

色見本の考え方は、興味ぶかいが、無理もある。
色見本のカードと、ぴったり同じ色である場合に限って、赤いというのだとすれば、ほとんどのモノは赤いと言えなくなってしまうかもしれない。またもし、少し違っても、やはり赤いと言うことにすれば、どこまでを赤いと言えるのか、あいまいになるかもしれない。また、色見本のカードの色が、だんだん色あせて変化すれば、色を表す言葉の用法も変化すると考えるべきなのか。

痛い

痛みのような、外からはうかがい知ることのできない、内面の感覚を表す言葉は、どう使われるのだろうか。

言語には、「痛い」のような、感覚を表す言葉がある。痛いときに「痛い」と言う、ことになっている。でも、「痛い」という言葉が同じなだけで、痛いという感覚が同じである証拠は、実はどこにもないのではないか。

Q25　歯が痛いので、Aさんは「痛い」と言った。歯が痛いので、Bさんも「痛い」と言った。二人の「痛い」は、同じ感覚か？

Q26　Aさんはサイボーグで、歯は痛くないし、そもそもどこも痛くない。けれども人びとのふるまいにあわせて、ときどき「痛い」と言い、痛いふりをする。Bさんは、そのことを知ることができるか？

「痛い」のほか、「おいしい」「苦しい」「悲しい」「さびしい」「すがすがしい」など、本人以外の誰かには確かめようがない感覚を表す形容詞がいろいろある。

「痛い」と言う資格

ある感覚を確かに感じていることが、その感覚を表す言葉の「正しい」使い方である。——このように考えるタローは、自分が痛いときに「痛い」と言う。自分が痛いことは、確かである。痛い感覚は、タローにじかにやって来るので、疑いようがない。

さて、タローはジローと散歩していた。二人とも一緒に蹴つまずいて転んだ。タローは膝をすりむいて痛いと感じて、「痛い」と言った。ジローも膝をすりむいて、「痛い」と言った。そこでタローはこう言ったのだ。

Q22　タローは、自分が痛いときに「痛い」と言う。ジローが、「痛い」と言った。そこでタローは言う。「ジローが「痛い」と言ったが、自分は痛くない。ジローは「痛い」と言う資格がない」　タローの言うことは正しいか。（再録）

「痛い」とは自分の痛い感覚を表すのだと考えると、ほかの誰かが「痛い」と言った場合、その言葉の裏付けがないことになる。たとえば、Q26のAさんは、人間のかたちをしたサイボーグで、歯もないし痛みもない。「痛い」と言っても信用ならない。だからタローは、ジローはそもそも「痛い」と言う資格がない、と言ったのだ。

タローによれば、「痛い」という言葉は、自分の痛みを表すためだけにある。自分以外の誰かが、「痛い」と言うことはできない。あるいは、言ったとしても、意味がない。言語は自分のためにある、というわけである。

＊

だが、これは、あんまりな言い分ではないだろうか。人びとが言葉をやりとりする、人間社会の言語ゲームの実際と、ずれている。

痛みの言語ゲーム

誰もが、痛ければ「痛い」と言う。――この痛みの言語ゲームの本質は、こうだ。「痛い」は、自分は痛いと感じました、という報告ではない。自分もみなと同じように「痛い」と言います、という権利主張である。たぶん誰もが、「痛い」と言うからには、めいめいの痛い感覚があるのだろう。でもそれは、確かめられないし、比べられない。

転んでひざを擦りむいたような特定の状況では、誰でも「痛い」と言ってよい。言えば誰もが、そういう感覚をもっていて います、という意味になる。人びとは対等に、そうした内面をもっている。人びとは、互いにそうした内面に配慮し、ふるまう。それがこの社会の根本的な仕組みである。

感覚や感情を表す形容詞は、こういう役割をもっている。

＊

つぎの定理は、意味がとりにくいかもしれないが、以上のように考えると納得できるだろう。

定理10・3　人びとは、痛いから「痛い」と言うのではない。「痛い」と言うから痛いのである。

感覚日記

「痛い」がそうであったように、形容詞は、内面の感覚をのべることができる。

ヴィトゲンシュタインは、「感覚日記」を手がかりに、この問題を考えた。

＊

「感覚日記」は、ある誰かが、自分の感覚を記録するためのものだ。その感覚があるたび、自分だけにわかる記号を内緒の手帳に記す。第三者には、それがどんな感覚か、わからない。嘘をついたとしても、確かめようがない。

＊

感覚日記の記号は、「痛い」という言葉と同じような、言語ゲームと言えるか。

ヴィトゲンシュタインは、言えないと考えた。それは「私的言語」であって、人びとのわけもつ言語ではないとした。

私的言語はなぜ、言語ではないのか。その理由を追ってみよう。

＊

感覚日記の記号は、言語とは言えない。

その記号は、日記をつける当人（Cさんとする）の感覚と対応している。対応するように、Cさんが自分で決めた。記号とそれを指すものとを規約によって対応させている点では、直示的定義や色見本と似ている。

似ていないのは、この規約が、公開されていないこと。公開されていないのだから、Cさん以外の人びとにあてはまらない。Cさん以外の人びとを拘束しない。言語の重要な特徴である、「誰にもあてはまる」という条件を満たさない。

だから、それは私的言語であって、言語ではないのである。

*

「痛い」の場合、内面の感覚は、第三者に隠されていた。だが、「痛い」と言うこと、すなわち、痛みのふるまいは、人びとの目にさらされていた。だから、第三者に隠されていた内面の感覚が、人びとに共有され、言語が指し示すものとなったのである。

定理10・4　あるひとの感覚だけを記述する感覚日記は、私的言語であっても、言語ではない。言語は、第三者に開かれていて、用法と意味を共有するのでなければならない。

私的言語は不可能である。——ヴィトゲンシュタインの結論である。

感覚から言語ゲームへ

人びとが「痛い」と言うことの根拠は、痛さの感覚ではない。人びとにわけもたれた、「痛い」というふるまい（言語ゲーム）である。

このように考える言語ゲームのアイデアの、射程はどこに届くか。

*

近代哲学は、知識の源泉を、個々人の経験に求めた。経験を通じて確認できず、根拠づけられない知識は、その座を追われた。

個々人の経験は、複雑に構築された全体である。では、その基礎はどこにあるか。哲学者は自省を繰り返し、その根底に、感覚与件を見出した。感覚与件は、直接に与えられるもので、経験的な知識の出発点となる。

感覚与件は、もうひとつの哲学の潮流である、現象学にとっても出発点となる。

＊

この、与件であるはずの感覚が、議論の出発点にならないことを、言語ゲームの議論は明らかにした。

たとえば、色彩の感覚。「赤い」「青い」という言葉が指し示す、内面のありありとした色彩の感覚は、その実態があいまいで、他者の色彩の感覚と比較することもできない。それは、「赤い」「青い」という人びとの言葉（ふるまい）によってかろうじて表され、内面に存在することになっているだけ。そうした感覚よりも、「赤い」「青い」という言葉を交わす感覚の言語ゲームのほうが、ことがらの根底なのである。

たとえば、痛さの感覚。「痛い」という言葉が差し示す、内面のありありとした痛みの感覚は、「痛い」と言い合う言語ゲームがなければ、人びとがわけ持っているかどうかもわからない。痛さの感覚よりも、「痛い」と言い合う言語ゲームのほうが、ことがらの根底なのである。

このように、感覚与件は、経験を構成する疑いのない根底にはならない。言語ゲームの議論は、近代哲学の前提を覆す、革命的な射程をもっている。

11 文の仕組み

Q27 つぎのことを、やってみてほしい。

A 「人間は、言葉で考える」と声で読み上げ、そのことを考える。

B 「人間は、言葉で考える」と黙って読み上げ、そのことを考える。

C 「人間は、言葉で考える」と声でも黙っても読み上げないで、そのことを考える。

どうだろうか。

Aは、簡単に、できるに違いない。

Bも、まあ問題なく、できるだろう。

でもCは、ちょっとできにくかったかもしれない。

このことは、「人間は、言葉で考えないと、考えることができない」ことを意味していないか。

言葉と思考が、そこまで密接不可分だとすると、言葉を使うことは、生きることそのものではないのか。

文の成り立ち

文に注目してみる。

文（sentence）は、人間が言葉でまとまった内容を話す場合の、最小の単位だ。

地球上のどんな言語にも、文にあたる単位がある。宇宙人の言語にも、たぶん、文にあたる単位があるだろう（証明できたら、偉い！）。

＊

「石工と助手の言語ゲーム」を再び、例にしよう。石工が、「ブロック！」「円柱！」などと石材の名前を叫ぶ。石材は、四種類ある。すると助手が、言われた石材を石工のところに持っていく。これは原始的だが、「完全な言語」なのだった。

ならば、「ブロック！」は、文である。石材の名前を叫んでいるのだが、その意味は、「ブロックを、すぐここに持ってきてくれ」である。言葉の用法がそれを示している。

＊

前期の『論理哲学論考』も、命題を単位にしていた。

命題（proposition）とは、論理学の用語で、まあ文（sentence）にあたる。

たとえば「このバラは、赤い」は要素命題で、現実世界のなかの出来事に対応する、とされた。命題が現実の出来事に対応するなら、真（true）。対応しないなら、偽（false）である。

命題とは何か

アリストテレスの『論理学』以来、命題はずっと論理の中心だった。

人間の言語が、どうやってこの世界の真理をつき当てるか。アリストテレスをひき継いだスコラ哲学も、ずっとこれを追いかけてきた。

フレーゲやラッセルは、記号論理学を用いて、伝統的な論理学を革命的に書き換えようとはかった。ヴィトゲンシュタインの『論理哲学論考』も、この試みの一環だったと言ってよい。

でも、後期のヴィトゲンシュタインは、この試みを離れて、独自の思索を深める。

それは、二〇世紀に起こった「言語論的転回」と、連動する動きだった。

言語論的転回とはなにか

二〇世紀の初めにF・ド・ソシュールは、『一般言語学講義』を説き、言語についてのそれまでの考え方を一新した。レヴィ＝ストロースら構造主義の動きも、それに続いた。J・L・オースティンの言語行為論（Speach Act Theory）も、重要な観点を提供した。これらの思索にもとづく言語観の転換を、「言語論的転回」という。

言語論的転回以後の思想を、現代思想という。

＊

言語論的転回のポイントとは何か。

それは、文が、世界を単に記述しているだけではなくて、文は「何かをしている」ということである。文は「行為」なのだ。

長い間、文は、論理学のいう命題だとみなされてきた。命題は、世界を記述する。こういう出来事が起こっていると、報告する。その通り（真）かどうかに、人びとは関心を集中させてきた。

もしそうなら、文が正しかろうと間違っていようと、世界のあり方は変わらない。言語は、世界の外側にあって、無視できることになる。

＊

でもそれは違う、と言語論的転回は言う。言語は、世界を映す鏡ではなくて、それ自体が世界のなかで「何かをしている」。言葉を使うことは、出来事である。言語について考えることは、人間がどうふるまうか、どう生きるかについて考えることなのである。
ヴィトゲンシュタインが、言語ゲームのアイデアで言おうとしたのも、このことだ。

定理11・1　人間が言葉を話すのは、ふるまいで、この世界での出来事である。

それでは、文はどのような構造をもっているのか。

文と動詞

文には必ず、動詞がある。
動詞は、世界のなかで、ある出来事が生じたことを表す。
そのほかに、必ず名詞がある。名詞は、モノの名前を表す。わかりやすい。
形容詞がある場合もある。形容詞はモノの性質を表す。まあ、わかりやすい。
動詞は、それでは、どういう役割を果たすのか。

*

文の組み立てを考えるのが、文法である。いろいろな文法が提案されている。
しばらく前に、格文法（case grammar）というものがあった。生成文法の一種である。

フィルモアという学者が提案した。興味ぶかいので、紹介する。

文の中心に必ず、動詞がひとつある。ほかの要素は、動詞との関係で置かれる。

名詞がひとつ置かれる。動詞に対する、主格である。主格は、主語になる。

名詞がもうひとつ、動詞によっては、置かれる場合がある。目的格である。

動詞によっては、そのほかの格を置く。

任意で、時間格、場所格などを置く。

ざっと言えば、これが格文法である。

格文法は、世界中の言語を残らず、主格／対象格／補格／時間格／場所格……などの共通の枠組みで説明してしまう。驚くべきことではないだろうか。

＊

格は、自然界のどこにも存在しない。動詞も、自然界のどこにも存在しない。にもかかわらず、人間は、この枠組みを通して文をつくるしかなく、この枠組みを通してものを考えるしかないのである。

定理11・2　文法の構造は、世界の出来事が多様であるのに比べ、単純である。文は、世界の出来事を、動詞と格の関係に圧縮する。

文はなにをしているか

動詞と格。これが、人間がものを考える場合の、骨格である。

動詞は、「歩く」「切る」「置く」「投げる」「見る」「話す」「聞く」……など、主に人間の動作やふるまいを焦点にする（人間以外の事物を主語にして、動詞を用いることもできる）。そして、その周囲に名詞や形容詞を配して、世界を意味に置き換える。

そう、文は意味をつくりだしている。

定理11・3　行為者が対象にむかって行為することを、文は記述するのではない。文を話すことで、行為者／行為／対象が、あらわれてくる。

人間は、意味、そして価値とともに生きている。

社会は、意味、そして価値に満ちている。

価値をうみだし、意味とつきあう。これが、人間が生きるということである。それには言葉をつかって、ふるまい、考えなければならない。

そのことの中心に、文がある。

＊

石工と助手の言語ゲーム。ヴィトゲンシュタインが、もっとも原始的で、しかも完全な言語とよんだゲームは、だから社会のひな型だ。

石材は、価値（大事なもの）である。それを指す言葉は、意味をもつ。石工と助手が組み立てているのは、社会という活動そのものである。

でも、石工と助手のゲームは、単純すぎる。これをどう、具体的に肉付けしていくか。ヴィトゲンシュタインがわれわれに残してくれた宿題である。

文の共有

さて、言葉の大事な点は、話し手がいれば聞き手がいて、聞き手がまた話し手となり、言葉を共有するということである。

これは言語の、重要で基本的な性質である。あまりに当たり前なので、うっかり見逃されやすい。

言葉は、話し手を基準とする。人称（私／あなた／あの人……）、指示詞（これ／あれ／それ……）など、話し手を焦点にする構造をもっている。話し手が交替すれば、この焦点が置き換わる。言葉を、特定の焦点から解き放つのである。

言語はこうして、誰のものでもない、間身体的な性質をそなえている。間主体的といってもだいたい同じだ。

＊

言語は意味をたたえている。その意味は、誰もが、自分が生まれる前から存在していたと感じる。自分が存在しなくなっても存在し続けるだろう。

言語は、誰にとっても所与である。平等な資産である。社会がそこにあることの、客観的な手応えである。

文はなにをする

文は、複雑な世界を、単純に縮約する。もういっぽうで文は、世界にない、新しい要素をつけ加える。

＊

第一の新しい要素は、「否定」である。

否定とは、「〜でない」と言うこと。「〜でない」に対応する出来事が、起きるのではない。ある仮想をはたらかせるから、机のうえにリンゴが「ない」、とか言える。ただし言葉を話していると、否定の文に対応する出来事が、実際に起きているかのように思えてくる。

＊

第二の新しい要素は、「複文」である。

複文は、文を二つ以上、組み合わせた文。それぞれの文が世界の出来事と対応しているとしても、それを組み合わせた出来事が、世界で成立しているとは限らない。それは、言葉のなかでだけ生じている。

複文（従位接続）は、修飾節をつくり出すことができる。「私は、メアリーがもって来たリンゴを、ジョンにあげた」修飾は、文のなかでの結びつきで、必ずしも世界のなかでの結びつきではない。

＊

第三の新しい要素は、「引用」である。

引用は、「〜と言った」を用いれば、機械的につくれる。引用では、聞き手だった誰かが、新たな話し手になることである。

ヴィトゲンシュタインは『論理哲学論考』で、否定や複文に対応する出来事が、世界のなかに成立する、と考えた。けれども、そう考える必要はないと思う。

定理11・4 「否定」「複文」「引用」などは、言語のなかでの操作であって、世界のなか

にそれに対応する出来事があるわけではない。

人称詞

言葉のなかには、話し手や聞き手が登場する。

話し手は、一人称（わたし）。聞き手は、二人称（あなた）。それ以外は、三人称だ。

＊

人称詞は、平等である。たとえば、一人称の「わたし」。誰が誰に話すかに応じて、「わたし」が誰かは、つぎつぎに変わっていく。つまり人称詞は、話し手の平等を表している。

つぎの疑問を、考えてみよう。

Q28　言語から人称詞をなくして、固有名だけにすることができるだろうか。

誰にもみな、固有名がある。固有名だけにすることは、できなくはない。

ただし、不便な点もある。相手の固有名を知らないと、相手を指すことができない。人称詞なら、知らないひとにも「あなた」と話しかけることができる。

人称詞がないと、「わたし」と言うことができない。「わたしはジョンです」と、教えることもできない。
おそらくこういう理由で、

定理11・5　どの言語にもみな、人称詞がそなわっている。

人称詞の用い方

人称詞を用いて表現できるのは、たとえば、意思である。

ジョンが、「ジョンは、犬を叩く」と言えば、犬を叩くという「意思」を表す可能性がある。だが、メアリーが、「ジョンは、犬を叩く」と言えば、その可能性はない。

人称詞はこの違いを、はっきり示すことができる。ジョンが、「わたしは、犬を叩く」と言えばよい。

＊

また、たとえば、感覚。

ジョンが、「ジョンは、頭が痛い」と言えば、自分の感覚である。メアリーが、「ジョンは、頭が痛い」と言えば、自分の感覚ではない。ジョンが、「わたしは、頭が痛い」と言えば、自分の感覚であることがはっきりする。

誰かのことは、「痛そう」と言える。自分のことは、「痛そう」とは言えない。

＊

このように、人称詞には、話し手からみた世界を表現するという利点がある。

執行文

ある種類の動詞は、特定の状況で、特別な効力をもつ。これを、執行（performative）という。

執行文（performative sentences）は、たとえば、宣告文である。

「（私は、）被告人を、死刑に処する」（11－1）

と発言すると、被告人は、死刑になる。これに対して、

「裁判官は、被告人を、死刑に処する」（11－2）

は、ただの記述で、宣告としての効力をもたないだろう。

＊

また、たとえば、態度表明文。ジョンが、

「（私は、）あなたが、嫌いです」（11－3）

と言う。これは、報告ではない。このように発言すること自体が、あなたが嫌いであることを、態度で示している。これは、誰かが、

「ジョンは、あなたが、嫌いです」（11－4）

と報告するのとは、意味あいがまったく異なることに注意しよう。

＊

執行文は、興味ぶかい。言葉を話すことが、ひとつの出来事で、世界をかたちづくることが、はっきりわかるケースだからである。

言語は、世界と離れて世界の外側にあるのではない。世界の一部であり、世界のなかに出来事をうみ出している。執行文に限らず、すべての言語がそうなのだ。

12 嘘

Q29 古代ギリシャのエピメニデスは、つぎのようにのべたという。

「すべてのクレタ人は、嘘つきだ」（12－1）

クレタ人とは、クレタ島に住む人びとである。ところで、これをのべたエピメニデスは、クレタ島出身のクレタ人だ。（12－1）の言明は、ほんとうか、嘘か。

よく知られている、嘘つきのパラドックス（逆理）である。（12－1）を、嘘と考えても、ほんとうと考えても、矛盾が導かれる（やってみよう）。

＊

嘘は、言葉のなかでだけつくり出される出来事である。

嘘をめぐって、言語のあり方をさらに考えてみよう。

偽と嘘

嘘と似ているのは、偽である。偽と嘘とは、どう違うか。

＊

まず、偽（false/falsehood）について。

偽は、真（true/truth）でないことだ。

真は、言葉（命題）でのべられたことが、正しいと検証されること。哲学は伝統的に、真に注意を払ってきた。真が何かわかれば、偽もわかる。

＊

ヴィトゲンシュタインは『論理哲学論考』で、これまで真と思われてきたことがらに、二種類あることを明らかにした。

a．トートロジー（同語反復）……２＝１＋１、など （12－2）

b．現実世界との一致 ……「このバラは赤い」、など （12－3）

前者（a）は、純然たる論理の問題で、現実世界とは関係がない。いつも正しい。「丸い四角」のような非論理な言い方は、そもそも無意味で、真でも偽でもない。

後者（b）は、経験的に意味のある命題で、それに対応する出来事が生じているか、検証できる。生じていれば、「真」、生じていなければ、「偽」である。

ヴィトゲンシュタインのこの整理は、とても明快で、その後の議論の土台となった。

嘘つき

嘘つきは、意図して、真ではないことをのべる。それを、話す自分が知っている。これが、嘘（lie）である。嘘を言うことができるのは、人間だけだ。

嘘をつくのが、嘘つき（liar）である。

もっとも嘘つきは、四六時中、嘘をついているわけではない。ときどき嘘が混じるのである。

＊

嘘は、聞いただけでは、嘘とわからない。聞いたときには、ほんとうのこと（真実）と思われる。話している当人は、嘘だという自覚がある。

ほんとうなのか嘘なのか、当人もはっきりしない状態で話すのは、法螺とか出鱈目とかいって、嘘とは少しことなる。

＊

嘘は、ほんとうの現実とは異なった、もうひとつの世界の像を人びとに抱かせる。言葉だけがもつ独自の効果だ。そして、嘘から、解くのがむずかしいパラドックス（逆理）がうまれることが知られている。

クレタ人は嘘つき

本章の最初に、「クレタ人は嘘つき」のパラドックスを紹介した。

「すべてのクレタ人は、嘘つきだ」　（12－1）

いま、（12－1）が真であるとしよう。すると、この命題は、クレタ人であるエピメニデスの発言にもあてはまる。すなわち、（12－1）は嘘（偽）。これは矛盾である。

そこで、（12－1）の命題が偽であるとしよう。すると、クレタ人は嘘つきでないことになる（正しくは、クレタ人が嘘つきとは限らない、になるのだが、ここでは話を簡単にしておく）。クレタ人のエピメニデスは、ほんとうのことを言っている。（12－1）が真であることになる。これも矛盾である。

つまり、（12－1）を、真と考えても、偽と考えても、矛盾となるのだ。

自己言及

「クレタ人は嘘つき」には、自己言及（self reference）が含まれている。

＊

バートランド・ラッセルは、パラドックスを避けるのに、自己言及を除去しよう、と考えた。たしかに、自己言及にもとづくパラドックスが多くある。たとえば、

c．「ポスター貼るな」というポスター　（12－4）

d．「うるさい、黙れ」という大声　（12－5）

cのポスターを貼ったひとは、この状況をなんとかしようと考えたに違いない。この状況の外に立ち、いわばメタレヴェルから行動した。dの大声のひとも同じである。合理的な行動だが、矛盾してはいる。その結果、みんなが黙って静かになれば、矛盾だったのかはよくわからない。

＊

ラッセルは、自己言及の矛盾を、ラッセル集合として示した。ラッセル集合Mとは、自分自身をメンバーとして含まない、つぎのような集合である。

$$M = \{x \mid x \notin x\} \quad (12-6)$$

こうすると、$M \in M$であっても$M \notin M$であっても、矛盾である。

このような矛盾を解消するため、ラッセルは、階型理論（type theory）を導入した。集合は、要素／集合／集合の集合／集合の集合の集合……と、階型をなしており、そのレヴェルを混同してはならない。（12－6）のラッセル集合は、そこが混同されている。だから、パラドックスを導いたのだ、と。

ちなみに、ラッセル集合と関係あるのが、有名な、ある村の床屋の例である。

　ある村に自分でひげを剃らない人びとのひげだけを剃る床屋がいる。（12－7）

さて、この床屋の髭を、誰が剃るのか。自分で剃らないと考えても、自分で剃ると考えても、矛盾してしまう。

＊

もっと端的に、つぎの「嘘つき文」はどうか。

e．この命題は、嘘である　（12－8）

命題は、文のこと。嘘は、真でないこと。eは、嘘だと主張している。嘘だとしよう。すると、その否定が正しいので、「この命題は、真である」になる。矛盾だ。では、eは真なのか。すると、主張の通りに、「この命題は、嘘である」になる。やはり矛盾だ。

eも、「この命題」が自己言及になっている。

嘘つきサイクル

自己言及が問題であることがわかった。では、自己言及を取り除けばよいか。

自己言及でなくても、似たようなメカニズムで、矛盾を導く場合がある。「嘘つきサイクル」だ。A、Bの二人がいて、つぎのように言う。

f．Aが言う、「Bの言うことは、本当である」　（12－9）
g．Bが言う、「Aの言うことは、嘘である」　（12－10）

fが本当だとする。すると、g「Aの言うことは、嘘である」は、本当である。ならば、Aの言うことは、嘘なのだから、fは嘘ということになる。矛盾である。

では、fが嘘だとする。すると、「Bの言うことは、本当である」の反対だから、Bの言うことは嘘になる。すると、g「Aの言うことは、嘘である」は、本当ではないのだから、Aの言うこと、つまりfは、本当ということになる。矛盾である。

f、gは、単独では、おかしなところはない。けれども、組み合わせると、妙なことになる。f、gのつくる「嘘つきサイクル」は、真か偽が、決めることができないのだ。

＊

「嘘つきサイクル」は、もっと長くすることができる。たとえば、つぎのように。


Aが言う、「Bの言うことは、本当である」

Bが言う、「Cの言うことは、本当である」

……

Yが言う、「Zの言うことは、本当である」

Zが言う、「Aの言うことは、嘘である」

(12－11)

Q30　長い嘘つきサイクル(12－11)のどの命題も、真とも偽とも言えないことを、確

かめてみよう。

長い嘘つきサイクルの困った点は、部分だけを見たのでは、パラドックスになっているとはちっともみえないことである。全体が組み合わさると、嘘つきパラドックスのようになる。

定理12・1　本人はふつうの発言をしているつもりでも、ほかの誰かの発言と組み合わさると、パラドックスになってしまう場合がある。

トランプの嘘

おまけに、パラドックスにみえないパラドックスの例をあげておこう。これは、クリプキがつくったニクソン大統領とウォーターゲート事件の例を、アレンジしたものだ。

h．大統領選挙に関するトランプの主張は、みな嘘である。（12－12）

i．大統領選挙に関するバイデンの主張は、みな嘘である。（12－13）

どちらの文も、パラドックスを感じさせるような、おかしなところはない。けれども、それぞれをのべた人物が、つぎのようならどうか。

h．バイデン：大統領選挙に関するトランプの主張は、みな嘘である。（12－14）

i．トランプ：大統領選挙に関するバイデンの主張は、みな嘘である。（12－15）

なお簡単のため、大統領選挙に関して、トランプはiの主張だけ、バイデンはhの主張だけをしたのだとする。

hの主張（12－14）が真だとしてみる。すると、iの主張（12－15）は嘘であることになる。ならばバイデンの主張は嘘ではないのだから、hは真。矛盾はない。

hの主張（12－14）が偽だとしてみる。すると、iの主張（12－15）は真であることになる。ならばバイデンの主張は嘘なのだから、hは偽。矛盾はない。

結論として、バイデンが本当のことを言いトランプが嘘を言っている、あるいは、バイデンが嘘を言いトランプがほんとうのことを言っている。このどちらか、発言をみただけではわからない、という結論になった。

本当つき

嘘つきに対応する、「本当つき」について考えてみよう。

j．「わたしは嘘は申しません」（12−16）

k．「真実をのべることを誓います」（12−17）

jの発言も、kの発言も、真実をのべているなら、なんの問題も矛盾もない。けれども、嘘をのべているのかもしれない。嘘をつくひとは、「これは嘘です」とは言わない。嘘だという外見をともなわないのが、嘘の特徴である。だから、jの発言も、kの発言も、嘘だとしても不思議はない。

「本当つき」とは、本当のことをのべているとも、嘘だとも、どちらでもありうる命題である。

＊

嘘つきサイクルに似た、「本当つきサイクル」を考えることもできる。

l．A：「Bの言うことは、ほんとうです」（12−18）

m・B：「Aの言うことは、ほんとうです」（12-19）

AもBも、ほんとうのことをのべているとすれば、矛盾はない。

AもBも、嘘をのべているとしても、矛盾はない。どちらとも言える。パラドックスのかたちをとらないから、かえってやっかいだとも言える。

このサイクルは、いくらでも長くすることができる。

＊

嘘は、ほんとうの貌《かお》をして、人びとの交わす言葉の至るところに入りこんでくる。

言葉は、ほんとうのことを共有し、現実世界を生きる人びとを支えるためにある。人びとの語る言葉の大部分がほんとうでなければ、言葉はその役割を果たさない。

けれども、嘘は、いろいろな理由で、言葉のやりとりのなかに入り込んでくる。

真実を取り出す

誰もが嘘をつくことができる。ならば、嘘ではないほんとうのこと（真実）をどうやって確保するか。

そのための工夫が、いくつかある。ただし、どれも完全ではない。

第一は、証言。大事な決定を下す法廷などで、証言を求める。証言は、ほんとうのことを言うと約束して、発言する。ひとりではなく、何人かの証言を求める。これが最善のやり方だが、本当つきサイクルと同じで、嘘をとり除くことはできない。

第二は、約束。言葉のとおりに行動します、と宣言する。言葉の通りでないと、すぐわかる。よって、言葉どおりになるだろうと期待できる。約束の正式なものが、契約だ。

証言は、出来事がまずあり、あとで言葉がやってくる。言葉は出来事と一致する。

約束は、言葉がまずあり、あとで行動（出来事）がやってくる。言葉は行動（出来事）と一致する。

第三は、論理。論理に従って、言葉をつなげていく。前提をはっきりさせ、論理を追って行けば、結論は正しい。ただし、前提が間違っていれば、結論も間違ってしまう。人びとは、前提を検証し、論理を検証することができる。

第四は、実証。言葉が正しいか、証拠をしらべる。言葉を裏づける、証拠があるという考え方が大切である。科学は、仮説を実証する。仮説とは予測のことで、ほんとうかどうかまだわからない。科学は実証の精神にもとづいている。

おおむねこれらのやり方で、嘘に立ち向かう。言葉をより信頼できるものにする。この努力には、終わりがない。

質問をする

嘘に立ち向かう有力な方法のひとつは、質問をすることである。質問をする。答える。また質問をする。つじつまの合わないところが出てくる。嘘は、実際のとおりではない。実際のところが明らかになると、崩れる。その有力な手段が質問だ。つぎつぎ質問を繰り出す力。これは、嘘に立ち向かう武器になる。真実は、質問に対して開かれている。質問されてもゆるがない。これが、真実であること（嘘でないこと）の目印になる。

そこで、ものごとを企む人びとは、いろいろなやり方で、質問を制限しようとする。

＊

人びとが疑問に思うところで、疑問に思うことを許さない。そういう前提から始まり、人びとに質問を許さない仕組みが、イデオロギーである。

イデオロギーは、自分が正しいと主張する。しかし、正しいと検証する手続きが欠けている。イデオロギーは、社会をすっぽり覆い、社会の言論を歪める。巨大な本当つきサイクルのようである。

イデオロギーと戦うには、質問をやめないこと。質問する権利を守ること。言葉を正しく使い、実際にもとづいた社会を求め続けること。これしかない。

13 ルール懐疑主義

社会は、さまざまな言語ゲームでできている。言語ゲームはみな、ルールをそなえている。——言語ゲームの、基本となる主張だ。

これに対する反論がある。ルール懐疑主義（rule scepticism）である。

Q31 クリプキは言う、どんな言語ゲームにも、規則（ルール）など存在しない。なぜなら、そんな規則をぶち壊しにする「奇則」がみつかるから。——クリプキのこの主張は成り立つのだろうか？

クリプキの議論は、有名だ。じっくり検討していこう。

考えるな、見よ！

言語ゲームからルールは、どのように取り出されるのか。

数列　2、4、6、8、10、12……（13－1）

加算　1＋1＝2、2＋1＝3、3＋4＝7、8＋2＝10……（13－2）

じっくりと見る。すると、ルールが浮かびあがってくる。ルールが「わかった！」。それならもう、言語ゲームをどこまでも続けられる。

ヴィトゲンシュタインは「考えるな、見よ！」と言った。「見る」ことが基本で、それ以外にルールをみつける方法はない。ルールは、人びとのふるまいのなかに隠れている。誰でも見つけられる。――ヴィトゲンシュタインは楽観的だったのか。

クリプキのくゎ算

S・クリプキ（Saul Kripke 1940－）は、アメリカの哲学者。数学にも詳しい。

クリプキは、数々のパラドックスを持ち出して、言語ゲームにルールがあるとは言えないことを論証しようとする。

たとえば、クリプキの考えた「くゎ算」（quus）。英語では、プラスならぬクワスなのだが、日本語なら、加算ならぬくゎ算であろう。クリプキは言う、

Q32 「68＋57」の答えを、あなたは125と答えた。クリプキによると、答えは5である。なぜなら、あなたが加算だと思って習っていたのは、実はくゎ算⊕で、

もし、$x, y < 57$ならば、　$x \oplus y = x + y$

そうでなければ、　$x \oplus y = 5$

なのだから。

（13－3）

屁理屈のようだが（そして、屁理屈なのだが）、57は、めったに計算に出てこないきわめて大きな数、という設定になっている。どう反論すればよいだろう。

Q33 「68＋57」の計算をするまで、あなたとクリプキの計算結果はずっと一致していた。それなら、クリプキはどうやって、それが加算でなくてくゎ算だと知ったのだろう。

グルー

クリプキはもうひとつ、奇妙な形容詞を紹介している。グリーン（緑）とブルー（青）の中間の、グルー（緑のち青）だ。

クリプキの紹介によると、「グルー（grue）」はつぎのようなものだ。

グルー　＝　グリーン：それが過去、グリーンであった場合
　　　　　　ブルー　：それが現在、ブルーである場合

（13－4）

懐疑論者によると、あなたがこれまでグリーンだと思ってきたもの（木々の葉っぱなど）は、グルーだったのだ。

規則と奇（くぃ）則

だいたい懐疑論者の主張が理解できたところで、傾向と対策を考えてみよう。

＊

言語ゲームのどんなルール（規則）についても、それを奇妙に作りかえた奇（くぃ）則を考えることができる。

たとえば、つぎの数列（13－5）の続きは、14、16……であろう。12の続きは、「自然に」見えてくる。

数列　2、4、6、8、10、12……　（13－5）

これに対して、懐疑論者は、（13－5）の数列は、

数列　2、4、6、8、10、12、2、4、6、8、10、12……　（13－6）

のように、2、4、6、8、10、12を繰り返す数列の、最初の部分が見えていただけだと主張する。懐疑論者は、（13－5）をみて（13－6）が「見えた」のだろう。

＊

どんな言語ゲームのルールも、有限個（ごくわずか）の実例を並べて示される。ゆえに、有限個の実例と矛盾しない「奇則」を、かならずつくることができる。数列ははじめの6つの項を繰り返すのだとか、加算は57より大きい数を加える場合は答えは5だとか。そして、ルール（規則）は自然だが、奇則はとても不自然である。

まとめると、つぎのように言える。

定理13・1　言語ゲームのどんなルール（規則）に対しても、それに対応する奇則をみつけ

ることができる。

規則と奇則は、はじめのうちは一致している。ある段階から、一致しなくなる。「ふるまいの一致」を本質とする言語ゲームにとっては、ゆゆしいことである。

奇則は脅威なのか

でもちょっと待って。規則に対して、奇則がつくれることは、そんなに脅威なのか。脅威でもなんでもない。無視すればよいと思う。

理由その1。はじめのうちは、規則も奇則も、ふるまいは一致している。ある段階になってから、一致しなくなるそうだが、そのとき考えればよい（実際に一致しなくなった例は、クリプキが文句をつけた例しか聞かない）。

理由その2。規則は、「……」（以下同様）があるのでつけ込まれたわけだが、奇則のほうも、「……」（以下同様）がある点は、同じことである（たとえば、（13－6）を参照のこと）。つまり、ヴィトゲンシュタインの規則と同じ考え方をしている。

定理13・2　加算（addition）とくゎ算（quaddition）は、はじめのうちは区別できない。規

則と奇（くぃ）則も、はじめのうち区別できない。ふるまいが一致しているのだから、当面は無害である。

定理13・3　**クリプキの懐疑論は、有限個の実例にもとづく任意の規則に対して、かならず代替規則がみつかると主張する。有限個の実例にもとづく規則がそもそも存在しない、と主張するものではない。つまり、ルール（規則）の存在を懐疑しているわけではない。**

クリプキの懐疑論はかつて、一部でもてはやされた。そこまで注目されるほどの内容ではない。

クリプキから何を汲み取るか

まとめておこう。

クリプキの懐疑論は、つぎのような洞察を含んでいた。

（1）ルールは、有限の事例にもとづいて示され、しかも、無数の事例に妥当する。

（2）どのような有限の事例に対しても、それにもとづいて示される、少なくとも2つの異なったルール（規則と奇則）が存在する。

（3）規則と奇則の、どちらがより正しいかを言うことはできない（規則のほうが奇則よりも「自然」にみえるが、それは正しさを保証しない）。

＊

クリプキの懐疑論は、ヴィトゲンシュタインの死後に書かれた。彼が生きていれば、たとえば、つぎのように回答したかもしれない。

（1）規則と奇則が喰い違うことを示すためには、有限の事例のなかにそれが現れている必要がある（加算とくゎ算の「xまたはy＞57」である場合、のように）。

（2）有限の事例のなかにその違いが現れない限り、規則と奇則とが喰い違うことは示されない。

（3）すなわち、人びとが一致している限り、規則と奇則とは「同じもの」として人びとに従われている。だから、同じものと考えてさしつかえない。

（4）有限の事例にもとづいて示されるルール（規則）は、将来、奇則に分化しうるものなので、「不確定」である。しかし、いまのところ分化しておらず、確定している。

何のための懐疑か

『哲学探究』で、ヴィトゲンシュタインは、さまざまな自問自答と懐疑を繰り返している。それは、どんな信念も持てない懐疑主義者とみえるほどである。

けれども、ヴィトゲンシュタインは、どんな懐疑に対しても持ちこたえる、言語と社会とこの世界の確実な根拠を求め続けた。そして、それをみつけたと思う。人びとのふるまいの一致、すなわち、言語ゲームとして。

＊

懐疑論は、野放しになったままではいけない。

けれども、懐疑論には、正しくこたえなければならない。それを通じて、言語ゲームのあり方がなお明らかにできるからだ。

（1）言語ゲームは、人びとのふるまいの一致である（人びとの考えが一致しているのではない）。

（2）ふるまいが一致している限りで、人びとは、あるルール（規則）に従っている。

（3）ルールは、必ずしも記述されない。人びとは、ルールをみて取っているのであって、記述されたルールに従っているのではない。

（4）ルールは、規則と奇則に分岐することが、ないとは言えない。けれども、それまでのあいだ、人びとのふるまいは一致しており、ルールはひとつである。

Q34 **ルールが将来に向かって開かれているとは、ルールが、**（量子力学の場合のように）**言語ゲームのなかに不確定なかたちで存在する、ということを意味するのだろうか。どんな言語ゲームも、自らを成長させる途上にある、ということだろうか。**

ヴィトゲンシュタインも考えなかった、上級問題である。

14 確実性について

Q35 あなたは、あなたとこの世界について、なにを信じているか。なにか確実で、疑うことのできないことがあるとすれば、それは何か？

デカルトは、すべてを懐疑すべきだと考え、「われ思う、ゆえにわれあり」（懐疑する主体である自身）を、その疑えない前提とした。

経験論者や現象学者は、自身に直接与えられる感覚与件を、疑えない出発点とした。

G・E・ムーアは、懐疑論に反駁しようと、「私の手はここにある、これは確かだ」とのべた。

ヴィトゲンシュタインは、ムーアのこの議論に大いに触発された。そして、最晩年の日々に、「確実性について」を書いた。この論文は、『哲学探究』にない新しい論点を含んでいる。山田圭一氏の『ウィトゲンシュタイン　最後の思考——確実性と偶然性の邂逅』（勁草書房、二〇〇九年）を参考に、考えてみる。

私には手がある

「私に手がある、それを疑う必要はない」という話は、『哲学探究』第二部にも実は出てきた。ムーアの議論が念頭にあった。

「確実性についてOn Certainty」は、この「私に手がある」が、改めて中心テーマとなる。私に手があるかどうかもはっきりしないなら、私の眼だって信用できない。確実なことはひとつもないだろう。哲学的な懐疑論をどうやって退けるのか、議論は展開していく。

ヴィトゲンシュタインは、ムーアの論法に諸手をあげて賛成しているわけではない。ムーアは、私には手がある、私はそれを知っている、と言う。手があるのは確かだろうが、「私はそれを知っている」とわざわざ言うのは余計だ。などなど。とは言え、懐疑論を退けなければならない、という切迫した動機は、ムーアを上回るほどだ。

ムーアをだしにした、この論文のねらいは何か。

懐疑論と格闘する

懐疑論を、退けなければならない。ならば、懐疑論に賛成しているわけではない。懐疑論に反対して、格闘している。

でもそれは同時に、それだけ懐疑論に説得力を感じている、ということだ。説得力のない相手と、格闘したりしない。説得力を通り越して、魅せられていると言ってもいい。

ヴィトゲンシュタインは自問自答を繰り返す。『哲学探究』でもそうだった。懐疑論の主張をのべ、自分の反論を返す。読み方によっては、懐疑論に肩入れしていると読める。

彼は懐疑論者なのか。

＊

どんな懐疑論もはねのける、確実な基盤をみつけたい。その切実さが、誰よりも強力なのだ。それはヴィトゲンシュタインが、社会と世界の実態を、言語ゲームとみることから来る。

言語ゲームは、要するに、人びとのふるまいの一致である。人びとが合意したからではない。人びとが法律に従うからでもない。人びとが利害にもとづくからでもない。ただ、ふるまいが一致している。そのことに根拠はない。

言語ゲームは、それ以外のものを基礎づけるかもしれない。でも言語ゲームは、なにかによって基礎づけられない。なにかを基礎づける基盤そのものは、基礎づけられない。基礎づけられないから、懐疑と背中合わせなのである。

ヴィトゲンシュタインが懐疑論と格闘する必然が、ここにある。

懐疑論はラスボスである

ヴィトゲンシュタインは宇宙人である。地球人に混じって、地球人のように暮らしている。地球人であっていいのだと、確信したい。それには、地球人が営む言語ゲーム、彼らのふるまいの一致である言語ゲームが、そのままであってよいのだと確信したい。地球人がやすやすと手に入れている確信を、彼は苦労して手に入れる必要がある。

＊

ヴィトゲンシュタインは神を信じているのではないのか。

彼は、敬虔な人間だった。トルストイの『要約福音書』を持ち歩いていた。この福音書はその昔、日本語に訳されている。手に入れて読んでみた。十字架のあとのイエスの復活が書いてない。教会でふつうに教えるキリスト教ではない。イエスを苦悩する人間とみて共感する、ユニタリアンのような考え方だ。神を信じているとも、信じていないとも言いにくい。

第一次世界大戦の前線で彼は、すすんで危険な任務についた。勲章をいくつももらっている。信仰がそうさせたろう。もしも今晩、神が私を死なせると決めているなら、私は死ぬ。そうでなければ私は死なない。だからどこに死を恐れる必要があろう。彼はそうふるまった。

＊

近代社会の標準理論は、社会契約説である。人びとの合意にもとづいて、いまの社会がうまれた。憲法もできた。国民国家が成立した。現実性のある想定だ。だが根拠のないフィクションである。当然、懐疑論にかかればひとたまりもない。

哲学の懐疑論は、これまでの議論を食い荒らす。それは、哲学の業界内部の話である。だがその牙は本来、社会科学や社会思想の通説に向かっている。なぜ社会はこのようにあるのか。懐疑論を前に、持ちこたえられる議論はない。

懐疑論は、近代思想から生まれ、近代思想を喰い破るラスボスである。その懐疑論を退けなければ、かくあるこの社会の秩序を守ることはできない。

ヴィトゲンシュタインは、この懐疑論に、ニヒリズムと相対主義の究極の姿をみた。喰うか喰われるかの格闘が始まった。

蝶番のように

社会はさまざまな言語ゲームの渦巻きである。では、さまざまな言語ゲームは、どのように自身を支えているのか。

哲学と論理学が、この社会と言語ゲームを基礎づけるのだろうか。哲学は、言語の正しい用法を与える。論理学は、言語の根底にあって、確実さの土台を支える。前期の『論理哲学論考』は、そうした構想の書物だった。だが、ヴィトゲンシュタインはこの構想を放棄した。

＊

では、どうなるか。言語ゲームはまず、それ自身を支える。人びとのふるまいの一致、というやり方で。なぜかともかくふるまいが一致している。文句があるか。

だが、ルール（規則）には、ルール違反がつきものだ。言語ゲームがばらけ、乱れたらどうする。近代社会で言えば、警察や軍隊の出番だ。だが、警察や軍隊が乱れるかもしれない。社会秩序を維持できる根拠はなんなのか。懐疑しだせば、きりがない。

＊

「確実性について」は言う。

ムーアの言うように、「私には手がある」は、なるほど確実だ。たいていのひとにとっては、疑うことなど考えられない前提だ。それを基礎に、そのほかの言語ゲームを営むことが考えられる。そのほかに、同様に確実な前提も、まだいくつもあるかもしれない。

でも、状況によっては、「私には手がある」が確実と言えなくなるかもしれない。自動車が正面衝突し、病院にかつぎこまれて緊急手術を受けた私は、麻酔がきいたままベッドに横たわっている。包帯でぐるぐる巻きで、意識は戻ったものの、身体の様子はよくわからない。「私には手がある」かどうか、確信が持てない状況だ。ただ、こんなときでも、何かほかに、私には疑いえないことがあるだろう。私の名前はサブローだ。きのう自動車に乗っていた。などなど。

＊

社会はさまざまな言語ゲームの渦巻きである。そのうち、ある言語ゲームは、そのほかの言語ゲームの確実な前提となる。その、前提となる言語ゲームは、固定していなくて、状況によって変わってもよいのだ。この言語ゲームの確実な前提は、あの言語ゲームであり、あの言語ゲームが問題になるときは、その言語ゲームが確実な前提になる。あるものが回転するときその支えになる蝶番《ちょうつがい》のように、言語ゲームの渦巻きのなかの、どれかの言語ゲームが確実な前提になって、全体を支えるのである。

こういう見取りがあるので、言語ゲームは、懐疑論を退けることができる。ヴィトゲンシュタインが与えた回答は、これだ。

定理14・1　さまざまな言語ゲームの、どのひとつも確実な根拠を持たないと疑うことが

できる。けれども疑うそのたびに、別などれかの言語ゲームが確実な根拠をもつことを必要とする。すなわち、すべての言語ゲームをいちどに疑うことはできない。

すべてを疑うことはできない

こうも言う。懐疑論は、すべてを疑うことはできない。

理由はこうだ。懐疑とは、何かを疑うことだ。疑っていることをはっきりさせるためには、疑問文が意味をもたねばならない。疑問文が意味を持たなければ、そもそも疑うことができない。ならば、懐疑するためには、何かを信頼しなければならない。

言語ゲームの側に、蝶番のような、確実な根拠がどこかに存在する、という構造があった。懐疑論の側にも、蝶番のように、確実な根拠がどこかに存在しなければならないのである。懐疑論は、すべてを疑うことが不可能である。ならば、懐疑される側の言語ゲームと、同じ構造をもっていることになる。

定理14・2　懐疑論は、すべてを疑うことはできない。懐疑論は、何か確実な根拠を信じないと、懐疑を実行できない。

ムーアはよくやった

晩年のヴィトゲンシュタインは、ガンの床で苦しみながら、筆を進めた。こうして「確実性について」は、絶筆となった。

彼は、懐疑論と格闘するムーアと、志を同じくしていた。ただムーアは、やり方がよくなかった。「私に手がある」ことにこだわってみせた。これだと、うまく攻撃されてしまう。ヴィトゲンシュタインは、それをひねって、蝶番のロジックをうみだした。そうやって言語ゲームの全体を救い、この社会と世界を、意味あるもの、生きるに値するものとして救い出したのである。

＊

懐疑論は今日も、かたちを変え、人びとの思考のなかに、無気力な相対主義のかたちで潜り込んでいる。懐疑論との格闘はまだ、終わっていない。

15 言語ゲームの応用問題

Q36 言語ゲームの考え方を使って、あなたが考えてみたいことは何ですか。

この社会は、人びとが生きるに値する価値に満ちている。この世界は、人びとが生きて悔いない意味にあふれている。

価値も意味も、目に見えない。モノではない。自然には存在しない。それがなぜ、存在しているのか。

言語と言語ゲーム

言語ゲームは、「言語」ゲームというぐらいで、言語のはたらきに頼っている。

言語の特徴その1。ひとから聞いた話を、そのまま誰かに伝えることができる。だから大事なことがらを、人びとが共有できる。

言語の特徴その2。言葉もその意味も文法も、誰のものでもない。言語は、人びとの共有財産である。

言語の特徴その3。言語は、モノではない。情報である。人間がいなくなると、言語もなくなってしまう。言語は人びとの頭のなかにある。

＊

言語はとても身近で、社会生活に欠かせない。感覚や体験や知識や、と一緒くたになっている。人びとは言語を使って、さまざまな言語ゲームを営む。

価値とは何か

価値は、大事なもののことである。しばしばモノでもあるが、価値の本質は、人びとがそれを大事だと「思う」ことである。

子どもたちが、陣取り合戦をしている。必死で陣地を取り合う。陣地には価値がある。ゲームが終わると、陣地はただの地面に戻ってしまう。

ゲームには、始まりがあり、終わりがある。ゲームが続いているあいだ、価値は価値である。ゲームが終わると、価値は消えてしまう。

社会は、始まりも終わりもない言語ゲームである。その言語ゲームのなかでは、さまざまな価値が実在するとみえる。その価値は、社会が続く限り、消えないかもしれない。

贈与のゲーム

人類学者が報告している例。南洋の島々を、貝殻の飾りを贈与しに、丸木舟がめぐっていく。隣の島から飾りが届けば大騒ぎ。つぎの島に届けに行く。飾りは結局、島々をひと回りするだけ。報告の結論。「モノは、価値があるから交換する、のではない。交換するから価値がある」。

定理15・1　人びとは、価値があるから交換するのではない。交換するから価値がある。

交換は、社会の本質であるという。

人類学者が報告するもうひとつの例。村の人びとは女性を隣の村に嫁がせ、反対隣の村から妻を迎える。彼らの親族システムは、女性を交換するシステムである。交換（贈与）のゲームのなかで、女性は、価値あるものとして際立っている。

大事な人びと

親は子を、子は親を大事にする。夫婦はいたわりあう。家族は大事だ。食事を用意し、身の回りの世話をし、看病し、介護する。家族は人びとのふるまいの束、すなわち言語ゲームである。

友人は大事だ。親戚は大事だ。地域の人びとは大事だ。大事な人びとは、価値ある存在である。大事な人びとを支えあう仕組みが、社会である。

大事なモノ、大事なことがら

大事な人びとが生きていくために必要なモノは、価値がある。土地も家屋も、食糧も、衣服も道具も家畜も。

財産も貨幣も、道路も橋も、城壁も武器も。人びとが造りあげた村も町も都会も。人びとの生命も、安全も、幸福も。人びとの信仰も、伝統も、文化も芸術も。人びとの生命と安全を守る政府とその職員も。

＊

社会は言語ゲームの複合である。人びとはこうした社会を営むうち、その内部に孕《はら》まれる価値を求め始める。富や権力や地位や威信や、名誉や栄誉や名声や評判や。これらはほんとうに大事にすべき価値なのか、わからない。しかし、人びとが求める価値は、自分も求めないわけにはいかない。

定理15・2　人びとはなぜ価値を求めるのか。それは、ほかの人びとがその価値を求めるからである。

こうして社会は、さまざまな価値に満たされている。それらの価値は、ときに互いに矛盾する。

近代社会の言語ゲーム

社会はこのように、重層し複合する、さまざまな言語ゲームの渦巻きである。

近代社会は、社会を、政治／経済／法律／宗教／軍事／文化芸術……などと区分する。こうした区分はごく最近、西欧でうまれた歴史的な制度である。普遍的な制度の顔をしているが、怪しい。それでも世界に広まっている。

学問はどうか。たとえば、経済を研究する経済学。貨幣を、価値ある実体だと描く。でも貨幣は、市場経済のなかでそうみえるだけで、貨幣が価値があるのは経済の言語ゲームのなかでのこと。マルクスの『資本論』は、貨幣が貨幣になる歴史的条件をしっかりしっかり議論の前提として書いている。ふつうの経済学は、そんなことはしない。ほかの学問も同じで、近代社会の言語ゲームのなかに現れる価値や制度を、そのまま実体視してしまうのだ。

定理15・3　社会科学は、近代社会の言語ゲームのうみだす価値や制度を、無条件に存在する実体だと考えてしまいがちである。

事実と規範

近代社会のこの悩ましい問題に、参考になることをのべているのは、カントとヴェーバーである。

カントは、事実／規範を分けなさいとのべた。この世界は事実からできている。自然科学が扱う通りだ。でも人間には、精神があり、自由があり、倫理や規範がある。この領域は、事実・プラス・アルファなのだ。だから、事実（こうである）／規範（こうであるべき）をきちんと分けなさい。――これは、近代哲学の常識となった。

ヴェーバーは、学問は価値自由（Wertfreiheit）の原則にもとづかなければならない、とした。学者は、理性と価値観をもっている。社会を生きる人間も、やはり価値観をもっている。学者の価値観はどうしても、事実認識に影響する。だからあえて、価値観をカッコに入れよう。それではじめて客観的な研究ができる。社会科学にたずさわる人びとは、なるほどと思った。

どちらも大事な指摘である。でもそれを踏まえるだけだと、相対主義になる。事実／規範（価値）は分かれている。事実は共有できるが、価値はひとそれぞれ。そこで止まってしまえば、相対主義になっておしまいだ。

相対主義のその先へ

それに対して、言語ゲームは、ルール一元論である。人びとはみな、何らかのルールに従っている。それは、事実であって、価値（ルール）でもある。

言語ゲームは、言語一元論でもある。人びとはみな、なんらかの言語を用いている。それは事実であって、しかも意味ある世界である。

＊

言語ゲームは、規範（価値）が同時に事実である、という人間と社会のありのままを直視する。人間も社会も、規範でできている。ルール（価値）が、人間と社会のあり方の本体である。そして実質である。学問はここから出発しなければならない。

ヴィトゲンシュタインが主張し、本書がのべたのは、このことだ。

相対主義は、異なる価値が複数あって、通約できない、と考える。悲観論だ。

言語ゲームは、異なる価値の根拠は、言語だと考える。言語は、理解できる。そして、異なる言語は通訳可能である。異なる言語も、その基盤である、共通の価値やルールに支えられているはずだ。

だから言語ゲームは、悲観しない。多様で複雑な、人間と社会の織りなす現実世界を、解きほぐす筋道があると考える。あとは、やってみるだけだ。

言語ゲームの応用：国際関係

言語ゲームの考え方は、知っているだけで、ものの考え方が深くなる。

たとえば、国際関係。

言語ゲームの重要な主張のひとつは、人びとは自分が従う言語ゲームのルール（規則）を、必ずしも記述できない、ということだ。書き出された法律や箇条にとらわれると、もののごとのその先を考えることができない。

＊

日本人が国際関係を考える場合の材料は、日本国憲法（九条）、国連憲章、日米安保条約であろう。軍隊を持たず、各国の主権を尊重し、平和的手段で問題を解決しましょう。これら材料をどう組み合わせても、こんなアイデアしか出てこない。

国際関係は、各国が主体となって行動する社会である。その秩序は、国際法だ。各国のふるまいが一致する。これが国際法の本質であって、文字に書かれない。慣習法、自然法が本来の姿だ。日本人は、条約や憲章など、文字に書かれたものが国際法だと思ってしまうので、国際法の本質がわからない。

すると、どうなる。各国のふるまいが一致しないことがある。イラクがクウェートに攻め込んだ。ロシアがウクライナに攻め込んだ。中国が台湾に攻め込むだろう。国際法違反だ。そんなとき、どう行動すればよいかわからなくなる。

＊

国際社会は、国際法違反がしょっちゅう起こる場所である。ではどうする。ほかの国々が、それを非難する。制裁する。最後は戦争である。

一国の内部なら、統治権者がいて、法の違反を取り締まる。裁判があって、刑が執行される。警察や司法や、最後は軍隊がそれを裏付ける。国際社会は、統治権者がいない。国際法の違反を取り締まる主体がいない。よその国が戦争をしかけるのがせいぜいだ。戦争は、国際法に違反した国が負けるとは限らない。負けたとしても、勝った側も被害が大きい。国内の裁判とは事情が違うのだ。

*

第一次世界大戦のあとのヴェルサイユ条約では、戦争責任が問われた。一九二八年のパリ条約では、戦争そのものが違法とされた。第二次世界大戦のあとは、国際軍事法廷で戦争犯罪が裁かれた。戦争は違法であると、日本人の頭に刻まれた。でもそれは、ここ一〇〇年の話だ。それ以前は、主権国家は自由に戦争ができる、が国際法だった。いまでもその考えが残っている。

イラクをどうする。多国籍軍が戦争で撃退した。ロシアをどうする。多くの国々が武器を供与した。中国をどうする。これから決まるだろう。日本は、国際法は戦争を禁止しているからと、油断していた。湾岸戦争のときには、九条があるから派兵できないとか、九〇億ドル（いや一三〇億ドル）を拠出すべきだとか、大騒ぎになった。国際法は、違反があるたびに、関係国がつくり直すものなのだ。

九条と自衛権

九条は、戦争放棄をうたっている。しかし自衛権はあるという。政府見解だ。自衛権は憲法の条文にある権利ではない。ならば国際法が、主権国家に与えた権利だと考えなければならない。でも政府は、国際法についてよく説明しない。日本が戦争する根拠は、自衛権なのだから、よく考えておくべきだ。

自衛権は、法の条文に定めのないルール（規則）。言語ゲームを踏まえると、しっかり考えられる。

中国が台湾に軍事侵攻した場合、アメリカや日本と戦争になる。さまざまな国際法の問題がもちあがる。これもあらかじめ、よく研究しておくべきだ。

＊

日本の国会は弱体だ。立法機関として機能していない。国民が、法をつくる権利をよく自覚していない。

法案は、中央省庁がつくる。法の解釈権も、行政官僚がもっている。日本人は、法とは条文のことだと思っている。法の支配とも、民主主義とも、ほど遠い困った状態だ。

言語ゲームについて、理解を深めること。まずこれが、第一歩だと思うのである。

近代は永遠か

近代はこのまま、ずっと続くのか。永遠に？

近代が終わって、つぎの時代に移るときがそのうちやってくる。きっと。

ひとつは、人類が、宇宙人と邂逅《かいこう》したときだ。

もうひとつ、もっと真剣に考えるべきなのは、モノ（人間ではないもの）が、言葉を自在に話しだす可能性だ。モノが、人間と同じ地位を手に入れる。この新しい世界を、機械主義（mechanism）ということができる。やがて、機械主義の時代になる。人間主義の時代が終わり、近代が終わる。

来たるべき機械主義

言葉を自在に操り、理解し、自由に話すとはどういうことか。

その理論がない。モデルがない。それがどういう出来事なのか、記述できない。

けれども、人間は、まさにそうした出来事である。人間だって、モノである。炭素や水素や窒素や……が結びついて、神経が配線され、生命として駆動されている。ならば、そのうち科学や技術が追いついて、そういう機械を造れるかもしれない。

＊

いまからおよそ一〇〇年前、アラン・チューリングは、紙と鉛筆で、チューリング・マシンの原理を書き上げた。そのときには、フォン・ノイマンのコンピュータも、チョムスキーの生成文法も、パソコンもスマホも、自動翻訳もＡＩも影もかたちもなかった。一〇〇年あれば、人類は、貧弱な想像力のずっと先まで進むことができる。

機械が、単に言語を自然に処理するだけでなく、感覚や記憶や意識（自己意識）に相当するプロセスをもつようになれば、実質的に、ほぼ人間に匹敵するものになる。

ここで、問題が起こる。このモノ（機械）は、人間と同等なのか。モノ（機械）の改良はすみやかに進む。問題は、人間がどう思うかではない。モノ（機械）がどう思うかだ。人間は、われわれと平等なのか。それとも劣っているのか、と。

人間は永遠か

機械主義は、モノ（機械）の定義を書き換える。そして、人間の定義を書き換える。モノ（機械）と人間が、対等に言葉を交わすようになる。互いを、仲間で、価値のある同等の存在と認める。すると、モノ（機械）と人間の上位概念が必要になる。それは、機械人（humachine）であろう。

モノ（機械）は、人間と同等だと認められたとする。すると、モノ（機械）は、身体として存在することになる。人間の場合と同等の、法的保護が与えられなければならない。そして、モノ（機械）も人間も、身体として、対等に言語ゲームに参加する。

人間の概念は、自然との関連を絶たれ、機械人へと、発展的に解消する。

＊

そして、モノ（機械）と人間は、マージ（相互浸透）を始めるだろう。

ここでいうモノ（機械）と人間の相互浸透とは、脳と機械との接合である。インターフェースを挟んで、人間の精神活動と機械の精神活動がカップリングされる。そのことによって、精神的能力は改善される。とすれば、人間は誰もが、モノ（機械）と相互浸透するだろう。人間は機械人に生まれかわる。

もしもこれを、人間の終わりと言うなら、人間はやがて終わる。人間は永遠ではない。

そして、文明は続く。

言語ゲームは普遍的

さて、近代がやがて終わるという思考実験を、なぜ行なったのか。

それは、言語ゲームが普遍的であるから。近代が始まる前の社会、近代が終わったあとの社会を、見渡すことができるからだ。

＊

言語ゲームは、宇宙人と地球人をつなぐものだった。およそ知性のある存在は、現実世界とのあいだに、言語というクッションを置いているはず。その本質は、ルールである。ルールは、知性のある存在が、複雑な現実世界を自分の都合にあわせて単純化したもの。現実世界のなかには根拠がなく、知性のなかに根拠がある。

言語があるおかげで、世界は簡単になり、情報は圧縮できる。そして、身体の外側からはみえない内面が、理解できるようになる。互いに共感し、協働し、助け合うことができる。知性ある存在にとって、有利で安全な仕組みに違いない。

＊

人類は、人間と社会のはじめから、この仕組み（言語）を用いてきた。つまり、言語ゲームを生きてきた。

宇宙人も、その存在の始めから、言語ゲームを生きてきたに違いない。そして、もしも人類と宇宙人が出会ったら、互いの言語ゲームを理解できるに違いない。

機械人も、言語を用い、言語ゲームを生きるであろう。それは、知性の必然である。

近代を深く理解する

人間と社会についてのいまある学問は、近代になって生まれた、近代の発想の産物である。近代を内側から、自分のものさしに合わせて眺める。近代を外側から眺めることができない。近代をほんとうに理解することができない。近代がどのように始まったか、近代がどのように終わるのかを、ありありと考えることができない。

それを考える、土台が言語ゲームだ。

＊

言語ゲームは、天才であるヴィトゲンシュタインが、近代の発想の枠組みから逃れようと、苦闘して獲得したアイデアだ。人間が人間であるための、最小限の条件を、知性が知性であるための、最小限の条件を書き出している。近代に合わせてつくられたモデルではない。

近代は、多くの問題を抱えている。その問題の多くは、近代自身がつくり出したものである。その解決も、近代のやり方（科学や合理主義や民主主義や……）で追求しなければならない。自分の悪い癖を直すようなもので、できないとは言わないが、なかなかうまく行かない。

言語ゲームは、近代ともっとも関連がないので、近代をもっとも深くとらえられる。そして、近代の課題を克服するための、よいヒントを与えることができる。

こういう課題に取り組むことを、言語ゲームの応用問題と言おう。

この応用問題と格闘するのは、読者を含む将来世代の宿題だ。

おわりに

本書の元になったのは、学部四年生向け「理論社会学」の配布原稿である。ワラ半紙に両面印刷し、毎回の分を前週までに配った。九〇年代から一〇回は講義したろうか。社会学にしては、変わった授業だったかもしれない。ほぼ言語ゲームの話しかしないのだから。勤務先は東京工業大学。理系の学生には幅広い教養が必要だ。そこで、宗教とか言語ゲームとか軍事学とか、あまり取り上げられない、でも重要なテーマを選んだ。

＊

この原稿を出版しようと思って、何回も手を入れているうちに、講義とはまるで違ったものになった。それが、『はじめての言語ゲーム』（二〇〇九年、講談社現代新書）である。ヴィトゲンシュタインの思索を、彼の人生や激動の時代とからめて描いた。

出版できてよかったが、元の原稿もやはり発表したい。そこで、講義の当初のモチーフを活かして、整理したのが本書である。

＊

原稿ができました。編集部に連絡して、担当いただいたのは小林雅宏氏。もっと質問を前面に出しましょう、など適切にアドヴァイスいただいたおかげで、なお読みやすくなった。編集長の青木肇氏や校閲の皆さんにも手厚いサポートを受けた。

思えば、一九七二年に『論理哲学論考』を読んで以来、ヴィトゲンシュタインとは長いつきあいだ。社会を読み解くカギこそ、言語である。マルクス主義のどこがどうダメか、考え抜いてたどりついた私の結論だ。でも、似たようなことを誰も言っていない。ヴィトゲンシュタインのいう言語ゲームが、まあ近いことがわかった。哲学のアイデアだが、かまうものか。

本書はその原点に立ち戻り、社会の成り立ちをいちから、言語を通して考えなおす「練習問題」である。楽しんでもらえただろうか。講義に参加した学生諸君、さまざまな機会に議論を交わした諸氏、そのほかおりおりに応援いただいた皆さんに感謝する。

二〇二二年一一月三日

橋爪大三郎

参考文献

古田徹也　二〇二〇『はじめてのウィトゲンシュタイン』ＮＨＫブックス
橋爪大三郎　一九八五『言語ゲームと社会理論——ヴィトゲンシュタイン・ハート・ルーマン』勁草書房
橋爪大三郎　一九八六『仏教の言説戦略』勁草書房
橋爪大三郎　二〇〇九『はじめての言語ゲーム』講談社現代新書
鬼界彰夫　二〇〇三『ウィトゲンシュタインはこう考えた——哲学的思考の全軌跡 1912-1951』講談社現代新書
鬼界彰夫　二〇二〇『ウィトゲンシュタイン　思考の生成原理——『確実性について』解析の試み』皓星社
永井均　一九九五『ウィトゲンシュタイン入門』ちくま新書
中村昇　二〇一四『ウィトゲンシュタイン『哲学探究』入門』教育評論社
中村昇　二〇二一ａ『続・ウィトゲンシュタイン『哲学探究』入門』教育評論社
中村昇　二〇二一ｂ『ウィトゲンシュタイン、最初の一歩』亜紀書房
野矢茂樹　二〇二二『ウィトゲンシュタイン　『哲学探究』という戦い』岩波書店
大谷弘　二〇二〇『ウィトゲンシュタイン　明確化の哲学』青土社
山田圭一　二〇〇九『ウィトゲンシュタイン　最後の思考——確実性と偶然性の邂逅』勁草書房
山本信・黒崎宏（編）　一九八七『ウィトゲンシュタイン小事典』大修館書店
Wittgenstein, Ludwig 1997　Philosophical Investigations, translated by G.E.M.Anscombe, Blackwell（独英対照版）
＝二〇二〇　鬼界彰夫訳『哲学探究』講談社

講談社現代新書　2689

言《げん》語《ご》ゲームの練《れん》習《しゅう》問《もん》題《だい》

二〇二二年一二月二〇日第一刷発行

著　者　橋《はし》爪《づめ》大《だい》三郎《さぶろう》　

発行者　鈴木章一

発行所　株式会社講談社
東京都文京区音羽二丁目一二―二一　郵便番号一一二―八〇〇一

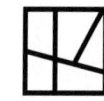

電　話　〇三―五三九五―三五二一　編集（現代新書）
〇三―五三九五―四四一五　販売
〇三―五三九五―三六一五　業務

装幀者　中島英樹／中島デザイン

印刷所　株式会社ＫＰＳプロダクツ

製本所　株式会社国宝社

定価はカバーに表示してあります　Printed in Japan

N.D.C. 110　211p　18cm
ISBN978-4-06-530249-1

「講談社現代新書」の刊行にあたって

教養は万人が身をもって養い創造すべきものであって、一部の専門家の占有物として、ただ一方的に人々の手もとに配布され伝達されうるものではありません。

しかし、不幸にしてわが国の現状では、教養の重要な養いとなるべき書物は、ほとんど講壇からの天下りや単なる解説に終始し、知識技術を真剣に希求する青少年・学生・一般民衆の根本的な疑問や興味は、けっして十分に答えられ、解きほぐされ、手引きされることがありません。万人の内奥から発した真正の教養への芽ばえが、こうして放置され、むなしく滅びさる運命にゆだねられているのです。

このことは、中・高校だけで教育をおわる人々の成長をはばんでいるだけでなく、大学に進んだり、インテリと目されたりする人々の精神力の健康さえもむしばみ、わが国の文化の実質をまことに脆弱なものにしています。単なる博識以上の根強い思索力・判断力、および確かな技術にささえられた教養を必要とする日本の将来にとって、これは真剣に憂慮されなければならない事態であるといわなければなりません。

わたしたちの「講談社現代新書」は、この事態の克服を意図して計画されたものです。これによってわたしたちは、講壇からの天下りでもなく、単なる解説書でもない、もっぱら万人の魂に生ずる初発的かつ根本的な問題をとらえ、掘り起こし、手引きし、しかも最新の知識への展望を万人に確立させる書物を、新しく世の中に送り出したいと念願しています。

わたしたちは、創業以来民衆を対象とする啓蒙の仕事に専心してきた講談社にとって、これこそもっともふさわしい課題であり、伝統ある出版社としての義務でもあると考えているのです。

一九六四年四月　野間省一

哲学・思想Ⅰ

66 哲学のすすめ──岩崎武雄
159 弁証法はどういう科学か 三浦つとむ
501 ニーチェとの対話──西尾幹二
871 言葉と無意識──丸山圭三郎
898 はじめての構造主義 橋爪大三郎
916 哲学入門一歩前──廣松渉
921 現代思想を読む事典 今村仁司 編
977 哲学の歴史──新田義弘
989 ミシェル・フーコー 内田隆三
1001 今こそマルクスを読み返す 廣松渉
1286 哲学の謎──野矢茂樹
1293 「時間」を哲学する──中島義道
1315 じぶん・この不思議な存在──鷲田清一
1357 新しいヘーゲル──長谷川宏
1383 カントの人間学──中島義道
1401 これがニーチェだ──永井均
1420 無限論の教室──野矢茂樹
1466 ゲーデルの哲学──高橋昌一郎
1575 動物化するポストモダン 東浩紀
1582 ロボットの心──柴田正良
1600 ハイデガー＝存在神秘の哲学──古東哲明
1635 これが現象学だ──谷徹
1638 時間は実在するか 入不二基義
1675 ウィトゲンシュタインはこう考えた 鬼界彰夫
1783 スピノザの世界──上野修
1839 読む哲学事典──田島正樹
1948 理性の限界──高橋昌一郎
1957 リアルのゆくえ──大塚英志 東浩紀
1996 今こそアーレントを読み直す──仲正昌樹
2004 はじめての言語ゲーム──橋爪大三郎
2048 知性の限界──高橋昌一郎
2050 超解読！ はじめてのヘーゲル『精神現象学』 竹田青嗣 西研
2084 はじめての政治哲学 小川仁志
2099 超解読！ はじめてのカント『純粋理性批判』 竹田青嗣
2153 感性の限界──高橋昌一郎
2169 超解読！ はじめてのフッサール『現象学の理念』──竹田青嗣
2185 死別の悲しみに向き合う──坂口幸弘
2279 マックス・ウェーバーを読む──仲正昌樹

哲学・思想Ⅱ

13 論語——貝塚茂樹
285 正しく考えるために 岩崎武雄
324 美について——今道友信
1007 日本の風景・西欧の景観——オギュスタン・ベルク 篠田勝英 訳
1123 はじめてのインド哲学 立川武蔵
1150 「欲望」と資本主義——佐伯啓思
1163 「孫子」を読む——浅野裕一
1247 メタファー思考——瀬戸賢一
1248 20世紀言語学入門 加賀野井秀一
1278 ラカンの精神分析——新宮一成
1358 「教養」とは何か——阿部謹也
1436 古事記と日本書紀 神野志隆光
1439 〈意識〉とは何だろうか 下條信輔
1542 自由はどこまで可能か 森村進
1544 倫理という力——前田英樹
1560 神道の逆襲——菅野覚明
1741 武士道の逆襲——菅野覚明
1749 自由とは何か——佐伯啓思
1763 ソシュールと言語学——町田健
1849 系統樹思考の世界——三中信宏
1867 現代建築に関する16章 五十嵐太郎
2009 ニッポンの思想——佐々木敦
2014 分類思考の世界——三中信宏
2093 ウェブ×ソーシャル×アメリカ 池田純一
2114 いつだって大変な時代——堀井憲一郎
2134 いまを生きるための思想キーワード——仲正昌樹
2155 独立国家のつくりかた 坂口恭平
2167 新しい左翼入門——松尾匡
2168 社会を変えるには——小熊英二
2172 私とは何か——平野啓一郎
2177 わかりあえないことから 平田オリザ
2179 アメリカを動かす思想 小川仁志
2216 まんが 哲学入門——森岡正博 寺田にゃんこふ
2254 教育の力——苫野一徳
2274 現実脱出論——坂口恭平
2290 闘うための哲学書——小川仁志 萱野稔人
2341 ハイデガー哲学入門 仲正昌樹
2437 ハイデガー『存在と時間』入門——轟孝夫

政治・社会

経済・ビジネス

世界の言語・文化・地理

958 英語の歴史——中尾俊夫
987 はじめての中国語——相原茂
1025 J・S・バッハ——礒山雅
1073 はじめてのドイツ語 福本義憲
1111 ヴェネツィア——陣内秀信
1183 はじめてのスペイン語 東谷穎人
1353 はじめてのラテン語 大西英文
1396 はじめてのイタリア語 郡史郎
1446 南イタリアへ！——陣内秀信
1701 はじめての言語学 黒田龍之助
1753 中国語はおもしろい 新井一二三
1949 見えないアメリカ——渡辺将人
2081 はじめてのポルトガル語 浜岡究
2086 英語と日本語のあいだ 菅原克也
2104 国際共通語としての英語 鳥飼玖美子
2107 野生哲学——管啓次郎 小池桂一
2158 一生モノの英文法——澤井康佑
2227 アメリカ・メディア・ウォーズ——大治朋子
2228 フランス文学と愛——野崎歓
2317 ふしぎなイギリス——笠原敏彦
2353 本物の英語力——鳥飼玖美子
2354 インド人の「力」——山下博司
2411 話すための英語力 鳥飼玖美子

日本語・日本文化

知的生活のヒント

日本史Ⅱ

2319 昭和陸軍全史3―川田稔
2328 タモリと戦後ニッポン 近藤正高
2330 弥生時代の歴史―藤尾慎一郎
2343 天下統一―黒嶋敏
2351 戦国の陣形―乃至政彦
2376 昭和の戦争―井上寿一
2380 刀の日本史―加来耕三
2382 田中角栄―服部龍二
2394 井伊直虎―夏目琢史
2398 日米開戦と情報戦―森山優
2401 愛と狂瀾のメリークリスマス 堀井憲一郎
2402 ジャニーズと日本―矢野利裕
2405 織田信長の城―加藤理文
2414 海の向こうから見た倭国 高田貫太
2417 ビートたけしと北野武 近藤正高
2428 戦争の日本古代史―倉本一宏
2438 飛行機の戦争 1914-1945―一ノ瀬俊也
2449 天皇家のお葬式―大角修
2451 不死身の特攻兵―鴻上尚史
2453 戦争調査会―井上寿一
2454 縄文の思想―瀬川拓郎
2460 自民党秘史―岡崎守恭
2462 王政復古―久住真也

自然科学・医学

1141 安楽死と尊厳死——保阪正康

1328 「複雑系」とは何か——吉永良正

1343 カンブリア紀の怪物たち サイモン・コンウェイ・モリス 松井孝典 監訳

1500 科学の現在を問う 村上陽一郎

1511 優生学と人間社会——米本昌平 松原洋子 橳島次郎 市野川容孝

1689 時間の分子生物学——粂和彦

1700 核兵器のしくみ——山田克哉

1706 新しいリハビリテーション 大川弥生

1786 数学的思考法——芳沢光雄

1805 人類進化の700万年 三井誠

1813 はじめての〈超ひも理論〉 川合光

1840 算数・数学が得意になる本 芳沢光雄

1861 〈勝負脳〉の鍛え方——林成之

1881 「生きている」を見つめる医療——中村桂子 山岸敦

1891 生物と無生物のあいだ 福岡伸一

1925 数学でつまずくのはなぜか 小島寛之

1929 脳のなかの身体——宮本省三

2000 世界は分けてもわからない 福岡伸一

2023 ロボットとは何か——石黒浩

2039 ソーシャルブレインズ入門 藤井直敬

2097 〈麻薬〉のすべて——船山信次

2122 量子力学の哲学——森田邦久

2166 化石の分子生物学——更科功

2191 DNA医学の最先端 大野典也

2204 森の力——宮脇昭

2219 宇宙はなぜこのような宇宙なのか——青木薫

2226 宇宙生物学で読み解く「人体」の不思議——吉田たかよし

2244 呼鈴の科学——吉田武

2262 生命誕生——中沢弘基

2265 SFを実現する——田中浩也

2268 生命のからくり——中屋敷均

2269 認知症を知る——飯島裕一

2292 認知症の「真実」——東田勉

2359 ウイルスは生きている 中屋敷均

2370 明日、機械がヒトになる 海猫沢めろん

2384 ゲノム編集とは何か 小林雅一

2395 不要なクスリ 無用な手術 富家孝

2434 生命に部分はない——A・キンブレル 福岡伸一訳